BILINGUAL
VISUAL
DICTIONARY

BILINGUAL
VISUAL
DICTIONARY

FIRST EDITION
Senior Editors Angeles Gavira, Angela Wilkes
Senior Art Editor Ina Stradins
Designed for DK by WaltonCreative.com
Language content for DK by g-and-w publishing

REVISED EDITION

DK LONDON
Senior Editor Christine Stroyan
Project Editor Sophie Adam
Designer Thomas Keenes
Managing Editor Carine Tracanelli
Managing Art Editor Anna Hall
Senior Production Controllers Poppy David, Meskerem Berhane
Senior Jacket Designer Surabhi Wadhwa Gandhi
Jacket Design Development Manager Sophia MTT
Translations by Andiamo! Language Services Ltd
Art Editor Karen Self
Associate Publishing Director Liz Wheeler
Publishing Director Jonathan Metcalf

DK INDIA
Editor Alka Thakur-Hazarika
Desk Editors Pankhoori Sinha, Joicy John
DTP Designers Anurag Trivedi, Rakesh Sharma
Assistant Picture Researchers Geetam Biswas, Shubhdeep Kaur
Senior Art Editor Vikas Chauhan
Managing Editor Saloni Singh
Managing Art Editor Govind Mittal
DTP Coordinator Tarun Sharma
Preproduction Manager Balwant Singh
Senior Jacket Coordinator Priyanka Sharma Saddi

DK US
US Proofreader Heather Wilcox
US Executive Editor Lori Cates Hand

This American Edition, 2024
First American Edition, 2005
Published in the United States by DK Publishing,
a division of Penguin Random House LLC
1745 Broadway, 20th Floor, New York, NY 10019

A catalog record for this book is available from the Library of Congress.
ISBN: 978-0-7440-9792-4

**The corresponding free audio is available for a period of at least
5 years from publication of this edition.**

Printed and bound in China

www.dk.com

sommario
contents

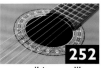

informazioni sul dizionario
about the dictionary

come usare questo libro
how to use this book

le persone
people

l'aspetto
appearance

la casa
home

i servizi
services

gli acquisti
shopping

il cibo
food

lo studio
study

il lavoro
work

i trasporti
transportation

gli sport
sports

l'ambiente
environment

i dati
reference

indice
indexes

ringraziamenti
acknowledgments

SOMMARIO • CONTENTS

informazioni sul dizionario

È dimostrato che l'uso di immagini aiuta a capire e memorizzare le informazioni. Applicando tale principio, abbiamo realizzato questo dizionario bilingue, corredato da numerosissime illustrazioni, che presenta un ampio ventaglio di vocaboli utili in due lingue europee.

Il dizionario è diviso in vari argomenti ed esamina dettagliatamente molti aspetti del mondo moderno.

È un'opera di consultazione essenziale per tutti gli appassionati delle lingue— pratica, stimolante e facile da usare.

Indicazioni

Le due lingue vengono presentate sempre nello stesso ordine: italiano e inglese.

In Italiano i sostantivi sono maschili o femminili. Gli articoli determinativi utilizzati per i sostantivi maschili sono "il" o "lo", mentre per quelli femminili è "la". I plurali sono indicati con "i" o "gli" per il maschile e con "le" per il femminile.

il seme	**i sandali**
seed	sandals
lo zoo	**gli abiti**
zoo	clothes
la sorella	**le mandorle**
sister	almonds

Quando i sostantivi iniziano con una vocale, gli articoli "lo" e "la" perdono la loro e diventano "l'", ad esempio:

l'uomo | male

Le parole e gli aggettivi per le persone e le professioni sono indicati con *m* per il maschile e con *f* per il femminile.

il cantante *m* / **la cantante** *f*
singer

I verbi sono contraddistinti da una (v), come ad esempio:

nuotare | swim (v)

Alla fine del libro ogni lingua ha inoltre il proprio indice, che consente di cercare un vocabolo in una delle due lingue e di trovare il rimando alla pagina che gli corrisponde. Il genere è indicato con *m* o *f*.

come usare questo libro

Che stiate imparando una lingua nuova a scopo di lavoro, per diletto o in preparazione per una vacanza all'estero, o desiderate estendere il vostro vocabolario in una lingua che vi è già familiare, questo dizionario è uno strumento di apprendimento prezioso che potete usare in vari modi diversi.

Quando imparate una lingua nuova, cercate le parole affini per origine (che sono quindi simili nelle varie lingue) ma occhio alle false analogie (vocaboli che sembrano uguali ma hanno significati molto diversi). Questo dizionario mostra inoltre come le lingue hanno influito l'una sull'altra. L'inglese, per esempio, ha importato dalle altre lingue europee molti vocaboli relativi agli alimenti ma ne ha esportati molti altri relativi alla tecnologia e alla cultura popolare.

Attività pratiche di apprendimento

• Girando per casa, in ufficio, a scuola, guardate le pagine relative all'ambiente in cui vi trovate, poi chiudete il libro, guardatevi attorno e cercate di ricordare il nome del maggior numero possibile di oggetti e strutture.

• Provate a scrivere un racconto, una lettera o un dialogo usando il maggior numero possibile dei vocaboli riportati su di una pagina in particolare. Vi aiuterà a memorizzare i vocaboli e a ricordare come si scrivono. Se volete scrivere testi più lunghi, cominciate con delle frasi che comprendano 2 o 3 delle parole.

• Se avete una memoria molto visiva, prendete un foglio di carta e disegnatevi o ricopiatevi le immagini che appaiono nel libro, quindi chiudete il libro e scrivete le parole sotto alle immagini.

• Quando vi sentite più sicuri, scegliete dei vocaboli dall'indice di una lingua straniera e cercate di ricordare i significati, trovando poi le pagine corrispondenti per verificare che siano giusti.

app audio gratuita

L' app audio include tutte le parole e le frasi presenti nel libro. Grazie all'impiego di madrelingua sia italiani che inglesi, ti aiuta ad arricchire il vocabolario e a migliorare la pronuncia. Gli audio sono disponibili anche per tutti gli altri libri nella collana.

Come utilizzare l'app audio

• Cerca "DK Visual Dictionary" sul tuo store preferito e scarica l'applicazione gratuita su smartphone o tablet.
• Apri l'app e seleziona l'edizione del libro.
• Seleziona il tuo libro dal menu "Choose your book" (Scegli il tuo libro).
• Seleziona un capitolo dall'elenco dei contenuti o inserisci un numero di pagina nella barra di ricerca.
• Ordina le parole dalla A alla Z in italiano o inglese.
• Scorri lungo la lista per trovare la parola o la frase che stai cercando.
• Tocca un vocabolo per ascoltarne la pronuncia.

about the dictionary

The use of pictures is proven to aid understanding and the retention of information. Working on this principle, this highly illustrated bilingual dictionary presents a large range of useful current vocabulary in two European languages.

The dictionary is divided thematically and covers most aspects of the everyday world in detail.

This is an essential reference tool for anyone interested in languages—practical, stimulating, and easy-to-use.

A few things to note
The two languages are always presented in the same order—Italian and English.

In Italian, nouns are masculine or feminine. The definite articles used for singular masculine nouns are "il" or "lo", and "la" is used for feminine nouns. Plurals are indicated with "i" or "gli" for masculine, and "le" for feminine.

il seme	**i sandali**
seed	sandals
lo zoo	**gli abiti**
zoo	clothes
la sorella	**le mandorle**
sister	almonds

When nouns start with a vowel, the articles "lo" and "la" lose their vowels; for example:

l'uomo
male

Adjectives and words for people and profession are indicated with *m* for masculine and *f* for feminine.

il cantante *m* / **la cantante** *f*
singer

Verbs are indicated by a (v), for example:

nuotare | swim (v)

Each language also has its own index at the back of the book. Here you can look up a word in either of the two languages and be referred to the page number(s) where it appears. The gender is indicated with *m* or *f*.

how to use this book

Whether you are learning a new language for business, pleasure, or in preparation for a holiday abroad, or are hoping to extend your vocabulary in an already familiar language, this dictionary is a valuable learning tool which you can use in a number of different ways.

When learning a new language, look out for cognates (words that are alike in different languages) and false friends (words that look alike but carry significantly different meanings). You can also see where the languages have influenced each other. For example, English has imported many terms for food from other European languages but, in turn, exported terms used in technology and popular culture.

Practical learning activities
• As you move about your home, workplace, or college, try looking at the pages which cover that setting. You could then close the book, look around you and see how many of the objects and features you can name.
• Challenge yourself to write a story, letter, or dialogue using as many of the terms on a particular page as possible. This will help you retain the vocabulary and remember the spelling. If you want to build up to writing a longer text, start with sentences incorporating 2–3 words.
• If you have a very visual memory, try drawing or tracing items from the book onto a piece of paper, then close the book and fill in the words below the picture.
• Once you are more confident, pick out words in a foreign-language index and see if you know what they mean before turning to the relevant page to check if you were right.

free audio app

The DK Visual Dictionary app contains all the words and phrases in the book, spoken by native speakers in both Italian and English, making it easier to learn important vocabulary and improve your pronunciation. Audio is also available for all the other books in the series.

how to use the audio app

• Search for "DK Visual Dictionary" in your chosen app store and download the free app on your smartphone or tablet.
• Open the app and select your edition of the book.
• Select your book from the "Choose your book" menu.
• Select a chapter from the contents list or enter a page number in the search bar.
• Sort the words A–Z in Italian or English.
• Scroll up or down through the list to find a word or phrase.
• Tap a word to hear it.

le persone
people

il corpo • body

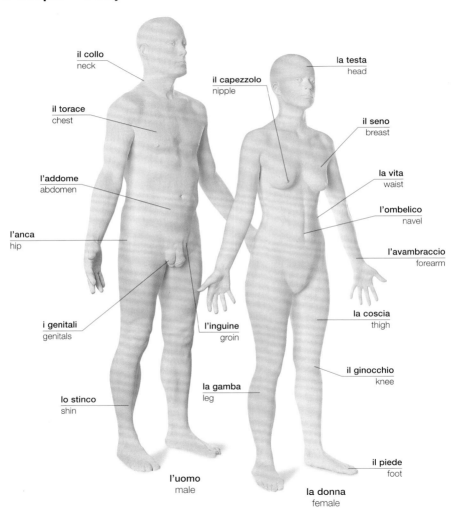

il collo
neck

il capezzolo
nipple

la testa
head

il torace
chest

il seno
breast

l'addome
abdomen

la vita
waist

l'ombelico
navel

l'anca
hip

l'avambraccio
forearm

i genitali
genitals

l'inguine
groin

la coscia
thigh

il ginocchio
knee

lo stinco
shin

la gamba
leg

l'uomo
male

il piede
foot

la donna
female

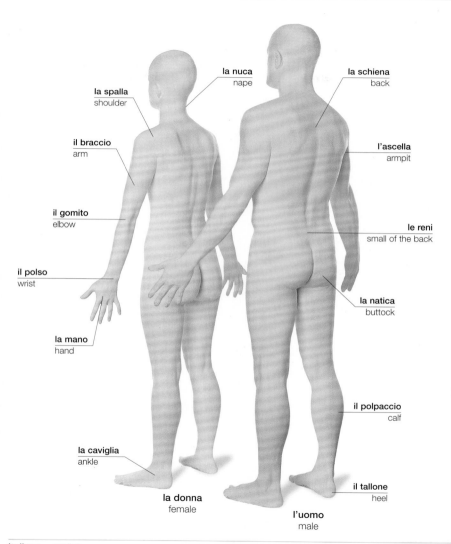

la spalla
shoulder

la nuca
nape

la schiena
back

il braccio
arm

l'ascella
armpit

il gomito
elbow

le reni
small of the back

il polso
wrist

la natica
buttock

la mano
hand

il polpaccio
calf

la caviglia
ankle

il tallone
heel

la donna
female

l'uomo
male

la faccia • face

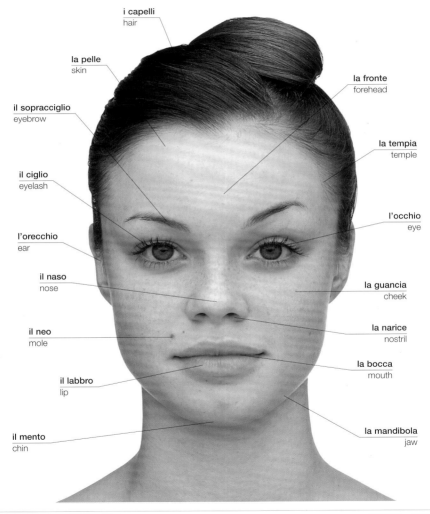

i capelli
hair

la pelle
skin

la fronte
forehead

il sopracciglio
eyebrow

la tempia
temple

il ciglio
eyelash

l'occhio
eye

l'orecchio
ear

il naso
nose

la guancia
cheek

il neo
mole

la narice
nostril

la bocca
mouth

il labbro
lip

il mento
chin

la mandibola
jaw

la ruga
wrinkle

la lentiggine
freckle

il poro
pore

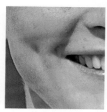

la fossetta
dimple

la mano • hand

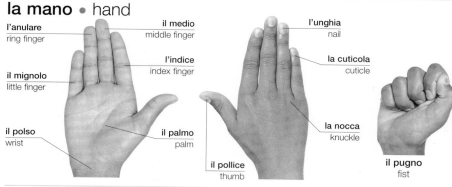

l'anulare
ring finger

il medio
middle finger

l'indice
index finger

il mignolo
little finger

il polso
wrist

il palmo
palm

il pollice
thumb

l'unghia
nail

la cuticola
cuticle

la nocca
knuckle

il pugno
fist

il piede • foot

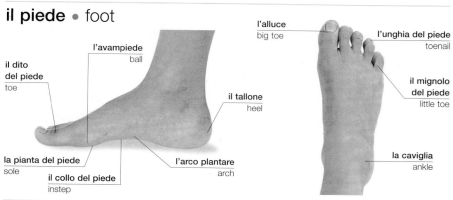

l'avampiede
ball

il dito
del piede
toe

il tallone
heel

la pianta del piede
sole

il collo del piede
instep

l'arco plantare
arch

l'alluce
big toe

l'unghia del piede
toenail

il mignolo
del piede
little toe

la caviglia
ankle

i muscoli • muscles

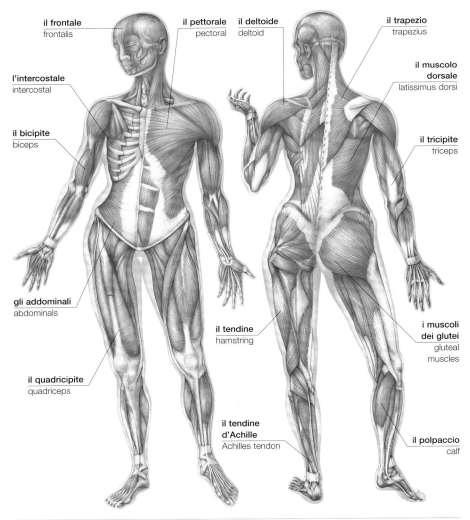

il frontale
frontalis

il pettorale
pectoral

il deltoide
deltoid

il trapezio
trapezius

l'intercostale
intercostal

il muscolo dorsale
latissimus dorsi

il bicipite
biceps

il tricipite
triceps

gli addominali
abdominals

il tendine
hamstring

i muscoli dei glutei
gluteal muscles

il quadricipite
quadriceps

il tendine d'Achille
Achilles tendon

il polpaccio
calf

lo scheletro • skeleton

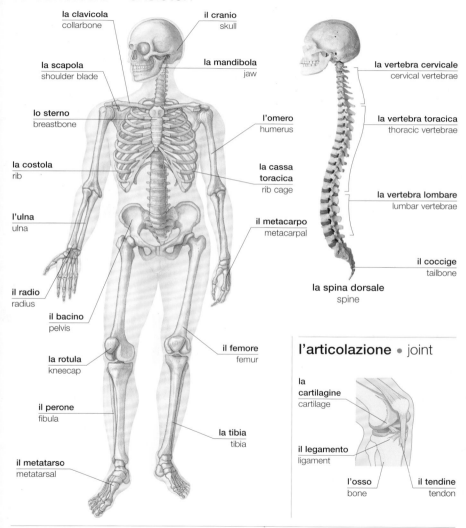

la clavicola
collarbone

il cranio
skull

la scapola
shoulder blade

la mandibola
jaw

lo sterno
breastbone

l'omero
humerus

la costola
rib

la cassa
toracica
rib cage

l'ulna
ulna

il metacarpo
metacarpal

il radio
radius

il bacino
pelvis

la rotula
kneecap

il femore
femur

il perone
fibula

la tibia
tibia

il metatarso
metatarsal

la vertebra cervicale
cervical vertebrae

la vertebra toracica
thoracic vertebrae

la vertebra lombare
lumbar vertebrae

il coccige
tailbone

la spina dorsale
spine

l'articolazione • joint

la cartilagine
cartilage

il legamento
ligament

l'osso
bone

il tendine
tendon

gli organi interni • internal organs

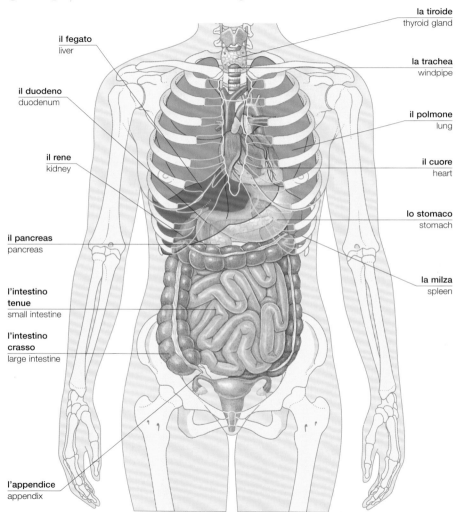

la tiroide
thyroid gland

il fegato
liver

la trachea
windpipe

il duodeno
duodenum

il polmone
lung

il rene
kidney

il cuore
heart

lo stomaco
stomach

il pancreas
pancreas

la milza
spleen

l'intestino tenue
small intestine

l'intestino crasso
large intestine

l'appendice
appendix

la testa • head

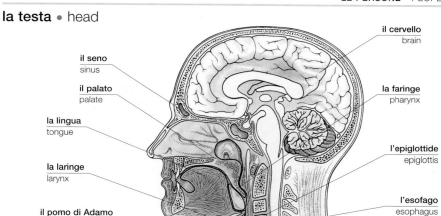

il seno
sinus

il palato
palate

la lingua
tongue

la laringe
larynx

il pomo di Adamo
Adam's apple

le corde vocali
vocal cords

il cervello
brain

la faringe
pharynx

l'epiglottide
epiglottis

l'esofago
esophagus

la gola
throat

i sistemi organici • body systems

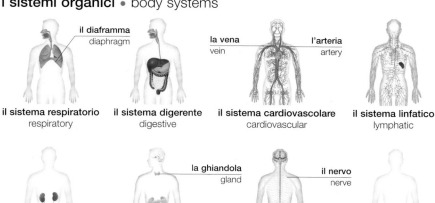

il diaframma
diaphragm

la vena
vein

l'arteria
artery

la ghiandola
gland

il nervo
nerve

il sistema respiratorio
respiratory

il sistema digerente
digestive

il sistema cardiovascolare
cardiovascular

il sistema linfatico
lymphatic

il sistema urinario
urinary

il sistema endocrino
endocrine

il sistema nervoso
nervous

il sistema riproduttivo
reproductive

gli organi riproduttivi • reproductive organs

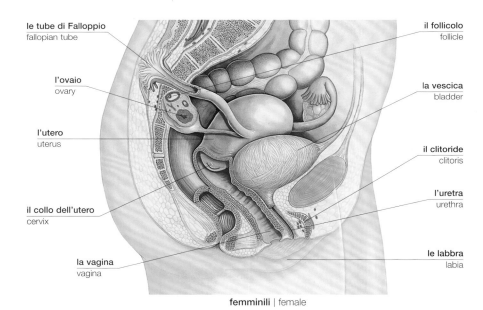

le tube di Falloppio
fallopian tube

il follicolo
follicle

l'ovaio
ovary

la vescica
bladder

l'utero
uterus

il clitoride
clitoris

l'uretra
urethra

il collo dell'utero
cervix

la vagina
vagina

le labbra
labia

femminili | female

la riproduzione
reproduction

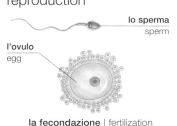

lo sperma
sperm

l'ovulo
egg

la fecondazione | fertilization

vocabolario • vocabulary

l'ormone hormone	**impotente** impotent	**la mestruazione** menstruation
l'ovulazione ovulation	**fecondo** fertile	**il coito** intercourse
sterile infertile	**concepire** conceive	**la malattia sessualmente trasmissibile** sexually transmitted infection

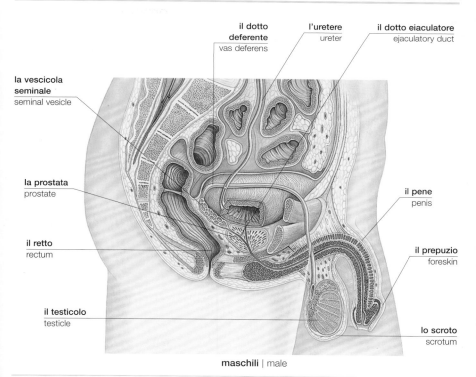

il dotto
deferente
vas deferens

l'uretere
ureter

il dotto eiaculatore
ejaculatory duct

la vescicola
seminale
seminal vesicle

la prostata
prostate

il pene
penis

il retto
rectum

il prepuzio
foreskin

il testicolo
testicle

lo scroto
scrotum

maschili | male

la contraccezione • contraception

il pessario
cervical cap

il diaframma
diaphragm

il preservativo
condom

la spirale
intrauterina
IUD

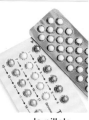

la pillola
pill

la famiglia • family

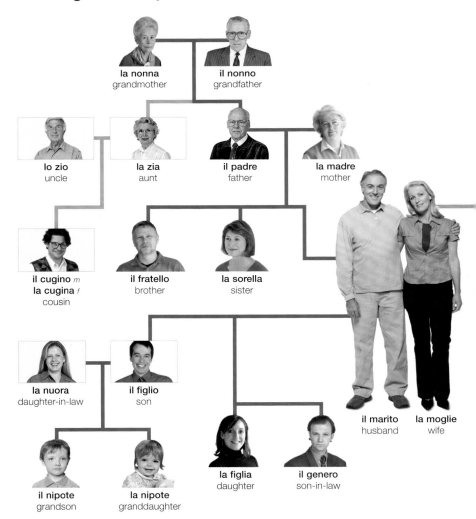

la nonna
grandmother

il nonno
grandfather

lo zio
uncle

la zia
aunt

il padre
father

la madre
mother

il cugino *m*
la cugina *f*
cousin

il fratello
brother

la sorella
sister

la nuora
daughter-in-law

il figlio
son

il marito
husband

la moglie
wife

il nipote
grandson

la nipote
granddaughter

la figlia
daughter

il genero
son-in-law

vocabolario • vocabulary

i parenti relatives	**i genitori** parents	**i nipoti** grandchildren	**la matrigna** stepmother	**il figliastro** stepson	**la generazione** generation
i nonni grandparents	**i bambini** children	**il patrigno** stepfather	**la figliastra** stepdaughter	**il compagno** *m* **la compagna** *f* partner	**i gemelli** *m* **le gemelle** *f* twins

la suocera
mother-in-law

il suocero
father-in-law

il cognato
brother-in-law

la cognata
sister-in-law

la nipote
niece

il nipote
nephew

le fasi • stages

il bimbo *m*
la bimba *f*
baby

il bambino *m*
la bambina *f*
child

il ragazzo
boy

la ragazza
girl

l'adolescente *m/f*
teenager

l'adulto *m*
l'adulta *f*
adult

l'uomo
man

la donna
woman

gli appellativi
titles

Signore
Mr.

Signorina
Miss

Signora
Mrs. / Ms.

i rapporti • relationships

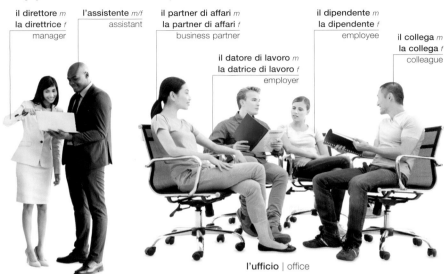

il direttore *m*
la direttrice *f*
manager

l'assistente *m/f*
assistant

il partner di affari *m*
la partner di affari *f*
business partner

il datore di lavoro *m*
la datrice di lavoro *f*
employer

il dipendente *m*
la dipendente *f*
employee

il collega *m*
la collega *f*
colleague

l'ufficio | office

il vicino *m* / la vicina *f*
neighbor

l'amico *m* / l'amica *f*
friend

il conoscente *m*
la conoscente *f*
acquaintance

l'amico di penna *m*
l'amica di penna *f*
pen pal

il ragazzo
boyfriend

la ragazza
girlfriend

la coppia | couple

il fidanzato
fiancé

la fidanzata
fiancée

i fidanzati | engaged couple

le emozioni • emotions

il sorriso
smile

felice
happy

triste
sad

entusiasta
excited

annoiato m
annoiata f
bored

sorpreso m
sorpresa f
surprised

spaventato m
spaventata f
scared

aggrottare
le ciglia
frown

arrabiato m
arrabiata f
angry

confuso m
confusa f
confused

preoccupato m
preoccupata f
worried

nervoso m
nervosa f
nervous

orgoglioso m
orgogliosa f
proud

sicuro m
sicura f
confident

imbarazzato m
imbarazzata f
embarrassed

timido m
timida f
shy

vocabolario • vocabulary

gridare shout (v)	**sbadigliare** yawn (v)	**sospirare** sigh (v)	**turbato** m **turbata** f upset
ridere laugh (v)	**svenire** faint (v)	**piangere** cry (v)	**scioccato** m **scioccata** f shocked

gli avvenimenti della vita • life events

nascere
be born (v)

iniziare la scuola
start school (v)

fare amicizia
make friends (v)

laurearsi
graduate (v)

trovare un lavoro
get a job (v)

innamorarsi
fall in love (v)

sposarsi
get married (v)

avere un bambino
have a baby (v)

il matrimonio | wedding

il divorzio
divorce

il funerale
funeral

vocabolario • vocabulary

il battesimo christening	**morire** die (v)
il bar mitzvah bar mitzvah	**fare testamento** make a will (v)
l'anniversario anniversary	**il ricevimento nuziale** wedding reception
emigrare emigrate (v)	**il viaggio di nozze** honeymoon
andare in pensione retire (v)	**il certificato di nascita** birth certificate

le celebrazioni • celebrations

la festa di compleanno
birthday party

il biglietto d'auguri
card

il regalo
present

il compleanno
birthday

il Natale
Christmas

le feste
festivals

la Pasqua ebraica
Passover

il Capodanno
New Year

il carnevale
carnival

la processione
procession

l'Eid
Eid

il nastro
ribbon

il Giorno del Ringraziamento
Thanksgiving

la Pasqua
Easter

la Festa di Halloween
Halloween

il Diwali
Diwali

l'aspetto
appearance

gli abiti per il bambino • children's clothing

il bimbo *m* / la bimba *f* • baby

la tutina da neve
snowsuit

la canottiera
bodysuit

il bottone
automatico
snap

la tutina
onesie

il pigiamino
sleeper

il pagliaccetto
romper

il bavaglino
bib

i guanti
mittens

le scarpette
booties

il pannolino
di spugna
cloth diaper

il pannolino
usa e getta
disposable diaper

le mutande
di plastica
plastic pants

il bambino piccolo *m* / la bambina piccola *f* • toddler

il cappello
per il sole
sun hat

il grembiulino
apron

la salopette
overalls

la maglietta
T-shirt

i pantaloncini
shorts

la gonna
skirt

il bambino *m* / la bambina *f* • child

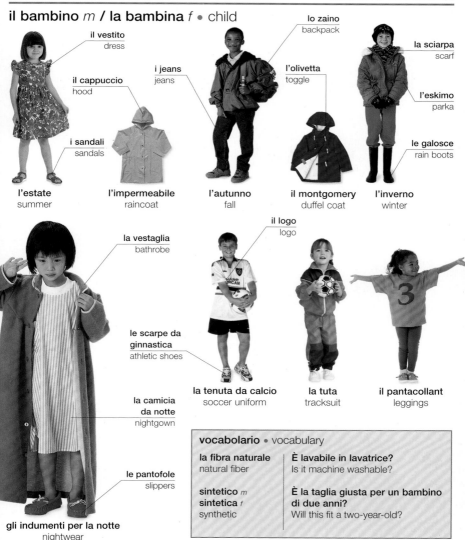

il vestito
dress

il cappuccio
hood

i jeans
jeans

lo zaino
backpack

l'olivetta
toggle

la sciarpa
scarf

l'eskimo
parka

i sandali
sandals

le galosce
rain boots

l'estate
summer

l'impermeabile
raincoat

l'autunno
fall

il montgomery
duffel coat

l'inverno
winter

la vestaglia
bathrobe

il logo
logo

le scarpe da
ginnastica
athletic shoes

la camicia
da notte
nightgown

la tenuta da calcio
soccer uniform

la tuta
tracksuit

il pantacollant
leggings

le pantofole
slippers

gli indumenti per la notte
nightwear

vocabolario • vocabulary

la fibra naturale natural fiber	È lavabile in lavatrice? Is it machine washable?
sintetico *m* sintetica *f* synthetic	È la taglia giusta per un bambino di due anni? Will this fit a two-year-old?

gli abiti • clothes (1)

il colletto
collar

la cravatta
tie

la cintura
belt

il risvolto
lapel

l'asola
buttonhole

il polsino
cuff

la giacca
jacket

il bottone
button

i pantaloni
pants

la tasca
pocket

l'abito
business suit

l'impermeabile
raincoat

la fodera
lining

le scarpe
di cuoio
leather
shoes

vocabolario • vocabulary

il cardigan
cardigan

il cappotto
coat

lungo *m*
lunga *f*
long

**la biancheria
intima**
underwear

corto *m*
corta *f*
short

**Ha una taglia più
grande / più piccola?**
Do you have this in a
larger / smaller size?

Posso provarlo?
May I try this on?

il collo a V
V-neck

il girocollo
crew neck

il blazer
blazer

la giacca sportiva
sport coat

il gilet
vest

la maglietta
T-shirt

il giaccone
parka

la felpa
sweatshirt

la camicia
shirt

i jeans
jeans

il maglione
sweater

il pigiama
pajamas

la canottiera
undershirt

il casual
casual wear

i calzoncini
shorts

lo slip
briefs

i boxer
boxer shorts

i calzini
socks

italiano • english

33

gli abiti • clothes (2)

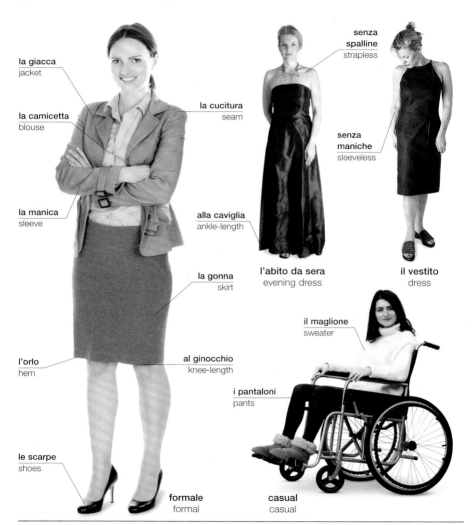

la giacca
jacket

la camicetta
blouse

la manica
sleeve

la cucitura
seam

senza
spalline
strapless

senza
maniche
sleeveless

alla caviglia
ankle-length

la gonna
skirt

l'abito da sera
evening dress

il vestito
dress

il maglione
sweater

l'orlo
hem

al ginocchio
knee-length

i pantaloni
pants

le scarpe
shoes

formale
formal

casual
casual

la biancheria intima • lingerie

la spallina
strap

la vestaglia
robe

la sottoveste
slip

il corpetto
camisole

i reggicalze
garter straps

il bustino
bustier

la calza
stocking

il collant
panty hose

il reggiseno
bra

lo slip
panties

**la camicia
da notte**
nightgown

il matrimonio • wedding

il bouquet
bouquet

l'abito da sposa
wedding dress

vocabolario • vocabulary

il busto corset	**attillato** *m* **attillata** *f* tailored
la giarrettiera garter	**con armatura** underwire
scollo all'Americana halter neck	**il reggiseno sportivo** sports bra
il girovita waistband	**il velo** veil
la spallina shoulder pad	**il pizzo** lace

gli accessori • accessories

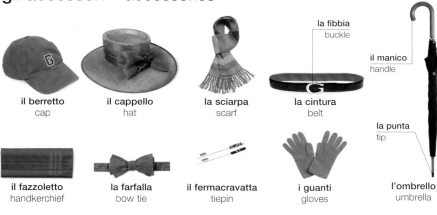

il berretto
cap

il cappello
hat

la sciarpa
scarf

la fibbia
buckle

la cintura
belt

il manico
handle

la punta
tip

il fazzoletto
handkerchief

la farfalla
bow tie

il fermacravatta
tiepin

i guanti
gloves

l'ombrello
umbrella

i gioielli • jewelry

il pendaglio
pendant

la spilla
brooch

il gemello
cuff links

il filo di perle
strand of pearls

il fermaglio
clasp

la maglia
link

l'orecchino
earrings

l'anello
ring

la pietra
stone

la collana
chain

il bracciale
bracelet

la collana
necklace

l'orologio
da polso
watch

il cofanetto portagioie | jewelry box

le borse • bags

il portafoglio
wallet

il portamonete
change purse

la borsa a tracolla
shoulder bag

la cinghia
clasp

la bretella
shoulder strap

i manici
handles

la borsa da viaggio
duffel bag

la cartella
briefcase

la borsetta
handbag

lo zaino
backpack

le scarpe • shoes

il laccio
lace

la linguetta
tongue

l'occhiello
eyelet

la suola
sole

la scarpa con i lacci
lace-up

il tacco
heel

lo stivale
boot

**la scarpa
da trekking**
hiking boot

**la scarpa da
ginnastica**
sneaker

l'infradito
flip-flop

la scarpa da uomo
dress shoe

**la scarpa con
il tacco alto**
high-heeled shoe

la zeppa
wedge

il sandalo
sandal

il mocassino
slip-on

la ballerina
flat

i capelli • hair

il pettine
comb

pettinare
comb (v)

la spazzola
brush

spazzolare | brush (v)

il parrucchiere *m*
la parrucchiera *f*
hairdresser

il lavandino
sink

il cliente *m*
la cliente *f*
client

lavare | wash (v)

il grembiule
robe

sciacquare
rinse (v)

tagliare
cut (v)

asciugare con il fon
blow-dry (v)

mettere in piega
set (v)

gli accessori • accessories

l'asciugacapelli
blow-dryer

lo shampoo
shampoo

il balsamo
conditioner

il gel
gel

la lacca
hairspray

l'arricciacapelli
curling iron

le forbici
scissors

il cerchietto
headband

la piastra per capelli
hair straightener

la forcina
bobby pins

le acconciature • styles

la coda di cavallo
ponytail

la treccia
braid

la piega alla francese
French twist

la crocchia
bun

i codini
pigtails

il caschetto
bob

l'acconciatura corta
short haircut

ricci
curly

la permanente
perm

lisci
straight

le radici
roots
i colpi di sole
highlights

calvo
bald

la parrucca
wig

vocabolario • vocabulary

l'elastico hair tie

spuntare trim (v)

lisciare straighten (v)

le doppie punte split ends

il barbiere barber

la forfora dandruff

il cuoio capelluto scalp

secco dry

normale normal

grasso greasy

la barba beard

i baffi mustache

i colori • colors

biondo *m* **bionda** *f*
blond / blonde

bruno
brunette

castano
auburn

rosso
red

nero
black

grigio
gray

bianco
white

tinto
dyed

la bellezza • beauty

la tintura per capelli
hair dye

l'ombretto
eye shadow

il mascara
mascara

la matita
per gli occhi
eyeliner

il fard
blush

il fondotinta
foundation

il rossetto
lipstick

il trucco • makeup

la matita per le sopracciglia
eyebrow pencil

la spazzolina per
le sopracciglia
eyebrow brush

la pinzetta
tweezers

il lucidalabbra
lip gloss

il pennello per
le labbra
lip brush

la matita per le labbra
lip liner

il pennello
brush

il correttore
concealer

lo specchio
mirror

la cipria
face powder

il piumino
powder puff

il portacipria | compact

i trattamenti di bellezza
beauty treatments

**la maschera
di bellezza**
face mask

il threading
threading

**il trattamento
per il viso**
facial

esfoliare
exfoliate (v)

la depilazione
wax

la pedicure
pedicure

gli articoli da toilette • toiletries

**il latte
detergente**
cleanser

**la lozione
tonificante**
toner

**la crema
idratante**
moisturizer

**la crema
autoabbronzante**
self-tanning lotion

**il
profumo**
perfume

**l'acqua di
colonia**
eau de toilette

la manicure • manicure

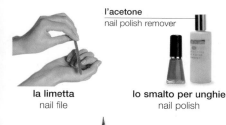

l'acetone
nail polish remover

la limetta
nail file

lo smalto per unghie
nail polish

**le forbicine
per le unghie**
nail scissors

il tagliaunghie
nail clippers

vocabolario • vocabulary

la carnagione complexion	**secca** dry	**antirughe** antiwrinkle
la tonalità shade	**grassa** oily	**i batuffoli di ovatta** cotton balls
chiara fair	**sensibile** sensitive	**il balsamo labbra** cocoa butter
scura dark	**ipoallergenico** m **ipoallergenica** f hypoallergenic	
l'abbronzatura tan	**il tatuaggio** tattoo	

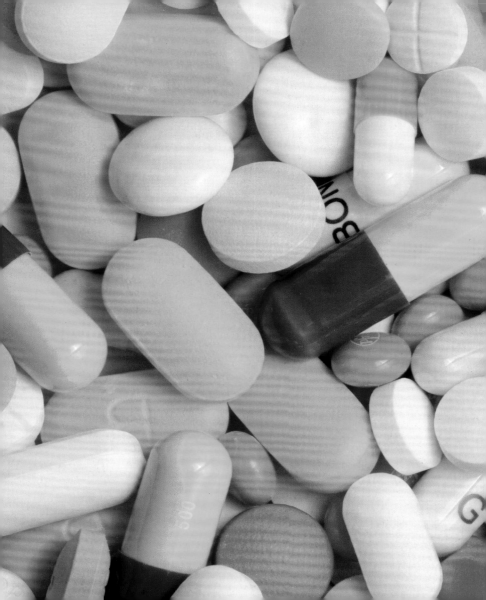

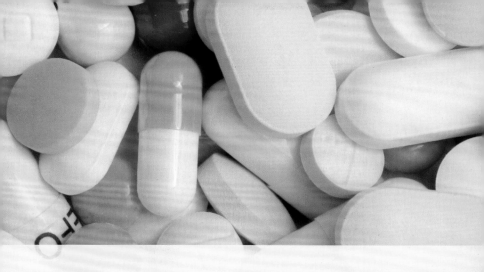
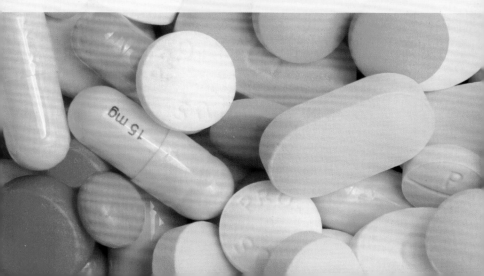

la salute
health

la malattia • illness

la febbre | fever

il mal di testa
headache

l'epistassi
nosebleed

la tosse
cough

lo starnuto
sneeze

il raffreddore
cold

l'influenza
flu

l'inalatore
inhaler

l'asma
asthma

i crampi
cramps

la nausea
nausea

la varicella
chicken pox

lo sfogo
rash

---

vocabolario • vocabulary

l'infarto heart attack	**il diabete** diabetes	**l'eczema** eczema	**l'infreddatura** chill	**vomitare** vomit (v)	**la diarrea** diarrhea
l'apoplessia stroke	**l'allergia** allergy	**l'infezione** infection	**svenire** faint (v)	**l'epilessia** epilepsy	**il morbillo** measles
la pressione **sanguigna** blood pressure	**il reffredore** **da fieno** hay fever	**il virus** virus	**il mal di** **stomaco** stomachache	**l'emicrania** migraine	**gli** **orecchioni** mumps

---

il medico *m* / la medica *f* • doctor

la visita • consultation

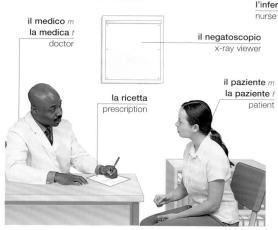

il medico *m*
la medica *f*
doctor

il negatoscopio
x-ray viewer

la ricetta
prescription

il paziente *m*
la paziente *f*
patient

l'infermiere *m*
l'infermiera *f*
nurse

la bilancia
scale

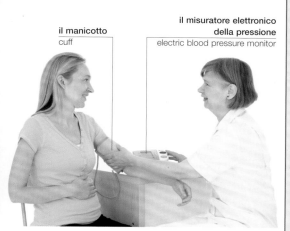

il manicotto
cuff

**il misuratore elettronico
della pressione**
electric blood pressure monitor

vocabolario • vocabulary

l'appuntamento
appointment

l'ambulatorio
doctor's office

la sala d'attesa
waiting room

l'inoculazione
vaccination

il termometro
thermometer

**l'apparecchio
acustico**
hearing aid

la visita medica
medical
examination

Ho bisogno di vedere un medico.
I need to see a doctor.

Ho un dolore qui.
It hurts here.

la ferita • injury

la fascia
a tracolla
sling

la frattura
fracture

il collare
neck brace

il colpo di frusta
whiplash

la slogatura | sprain

il taglio
cut

la sbucciatura
graze

il livido
bruise

la scheggia
splinter

la scottatura
sunburn

l'ustione
burn

il morso
bite

la puntura
sting

---

vocabolario • vocabulary

l'incidente accident	l'emorragia hemorrhage	la scossa elettrica electric shock	**Si rimetterà?** Will he / she be all right?
l'emergenza emergency	la vescica blister	la ferita alla testa head injury	**Chiami un'ambulanza, per favore.** Please call an ambulance.
la ferita wound	l'avvelenamento poisoning	la commozione cerebrale concussion	**Dove le fa male?** Where does it hurt?

il pronto soccorso • first aid

la pomata
ointment

il cerotto
adhesive
bandage

la spilla da balia
safety pin

la benda
bandage

gli antidolorifici
painkillers

la salvietta
antisettica
antiseptic wipe

la pinzetta
tweezers

le forbici
scissors

il disinfettante
antiseptic

la cassetta di pronto soccorso | first-aid kit

la garza
gauze

la bendatura
dressing

la stecca
splint

il nastro
adesivo
adhesive tape

la rianimazione
resuscitation

---

vocabolario • vocabulary

privo di sensi *m* **priva di sensi** *f* unconscious	**lo shock** shock	**la pulsazione** pulse	**Può aiutarmi?** Can you help me?
sterile sterile	**la respirazione** breathing	**soffocare** choke (v)	**Sa dare pronto soccorso?** Do you know first aid?

---

l'ospedale • hospital

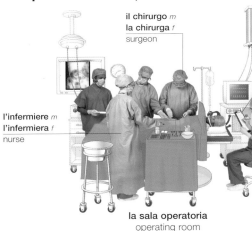

il chirurgo *m*
la chirurga *f*
surgeon

la scheda del paziente
chart

l'anestesista *m/f*
anesthesiologist

l'infermiere *m*
l'infermiera *f*
nurse

la sala operatoria
operating room

l'analisi del sangue
blood test

l'iniezione
injection

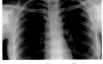

la radiografia
x-ray

la lettiga
gurney

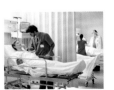

il pronto soccorso
emergency room

il reparto
ward

la sedia a rotelle
wheelchair

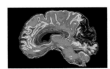

l'ecografia
scan

---

vocabolario • vocabulary

l'operazione operation	**ricoverato** *m* **ricoverata** *f* admitted	**l'orario delle visite** visiting hours	**il paziente ambulatoriale** *m* **la paziente ambulatoriale** *f* outpatient
la clinica clinic		**il reparto pediatrico** children's ward	
	dimesso *m*		**il reparto di cura intensiva**
la camera privata private room	**dimessa** *f* discharged	**il reparto maternità** maternity ward	intensive care unit

i reparti • departments

l'otorinolaringologia
ENT

la cardiologia
cardiology

l'ortopedia
orthopedics

la ginecologia
gynecology

la fisioterapia
physiotherapy

la dermatologia
dermatology

la pediatria
pediatrics

la radiologia
radiology

la chirurgia
surgery

la maternità
maternity

la psichiatria
psychiatry

l'oftalmologia
ophthalmology

---

vocabolario • vocabulary

la neurologia neurology	**l'urologia** urology	**l'analisi** test	**la patologia** pathology	**il risultato** result
l'oncologia oncology	**l'endocrinologia** endocrinology	**lo specialista** *m* **la specialista** *f* specialist	**la chirurgia plastica** plastic surgery	**la richiesta di visita specialista** referral

---

il dentista *m* / la dentista *f* • dentist

il dente • tooth

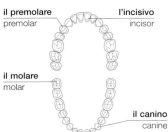

lo smalto
enamel

la gengiva
gum

il nervo
nerve

la radice
root

il premolare
premolar

l'incisivo
incisor

il molare
molar

il canino
canine

vocabolario • vocabulary	
il mal di denti toothache	**il filo interdentale** dental floss
la placca plaque	**l'estrazione** extraction
la carie decay	**la corona** crown
l'otturazione filling	**la faccetta** veneer
il trapano drill	**lo scovolino** interdental brush

il controllo • checkup

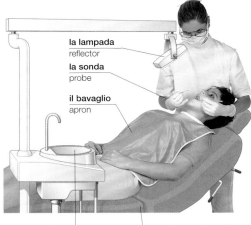

la lampada
reflector

la sonda
probe

il bavaglio
apron

la sputacchiera
sink

la poltrona da dentista
dentist's chair

**usare il filo
interdentale**
floss (v)

spazzolare
brush (v)

**l'apparecchio
ortodontico**
braces

**la radiografia
dentale**
dental x-ray

la radiografia
x-ray film

la dentiera
dentures

l'ottico *m* / l'ottica *f* • optometrist

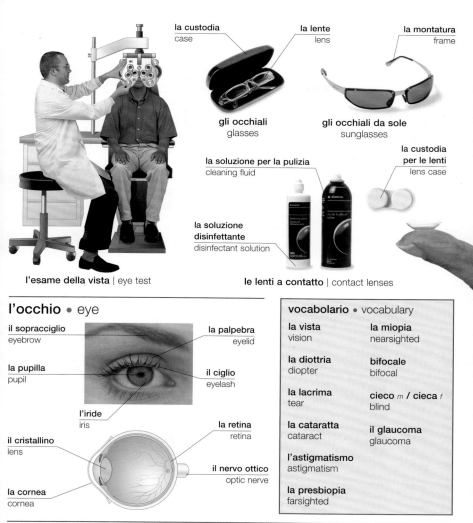

la custodia
case

la lente
lens

la montatura
frame

gli occhiali
glasses

gli occhiali da sole
sunglasses

la soluzione per la pulizia
cleaning fluid

la custodia
per le lenti
lens case

la soluzione
disinfettante
disinfectant solution

l'esame della vista | eye test

le lenti a contatto | contact lenses

l'occhio • eye

il sopracciglio
eyebrow

la palpebra
eyelid

la pupilla
pupil

il ciglio
eyelash

l'iride
iris

il cristallino
lens

la retina
retina

il nervo ottico
optic nerve

la cornea
cornea

vocabolario • vocabulary	
la vista vision	**la miopia** nearsighted
la diottria diopter	**bifocale** bifocal
la lacrima tear	**cieco** *m* / **cieca** *f* blind
la cataratta cataract	**il glaucoma** glaucoma
l'astigmatismo astigmatism	
la presbiopia farsighted	

la gravidanza • pregnancy

il test di gravidanza
pregnancy test

l'ecografia
scan

l'ultrasuono | ultrasound

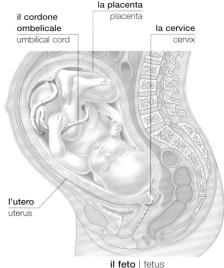

la placenta
placenta

il cordone
ombelicale
umbilical cord

la cervice
cervix

l'utero
uterus

il feto | fetus

vocabolario • vocabulary

l'ovulazione
ovulation

il concepimento
conception

**incinta / in stato
interessante**
pregnant /
expecting

prenatale
prenatal

il trimestre
trimester

l'embrione
embryo

il liquido
amniotico
amniotic fluid

l'utero
womb

il parto
delivery

l'epidurale
epidural

l'amniocentesi
amniocentesis

la contrazione
contraction

la dilatazione
dilation

l'episiotomia
episiotomy

i punti
stitches

la nascita
birth

il taglio
cesareo
cesarean
section

l'aborto
spontaneo
miscarriage

il parto
podalico
breech birth

prematuro *m*
prematura *f*
premature

il ginecologo *m*
la ginecologa *f*
gynecologist

l'ostetrico *m*
l'ostetrica *f*
obstetrician

il latte in polvere
baby formula

**allattare
artificialmente**
bottle-feed (v)

**Mi si so no
rotte le acque!**
My water broke!

il **parto** • childbirth

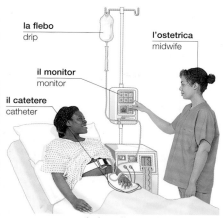

la flebo
drip

l'ostetrica
midwife

il monitor
monitor

il catetere
catheter

indurre il travaglio
induce labor (v)

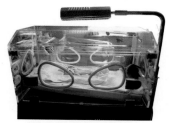

l'incubatrice | incubator

il peso alla nascita
birth weight

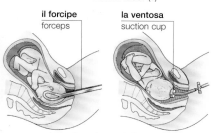

il forcipe
forceps

la ventosa
suction cup

il parto assistito
assisted delivery

la targhetta d'identità
identity tag

il neonato *m* / **la neonata** *f*
newborn baby

---

l'**allattamento** • nursing

la pompa tiralatte
breast pump

**il reggiseno da
allattamento**
nursing bra

allattare al seno
breastfeed (v)

**le coppette
assorbilatte**
nursing pads

le terapie complementari • complementary therapies

la posizione yoga
yoga pose

il tappetino
mat

lo yoga | yoga

il massaggio
massage

lo shiatsu
shiatsu

la chiropratica
chiropractic

l'osteopatia
osteopathy

la riflessologia
reflexology

la meditazione
meditation

l'assistente socio-psicologico *m*
l'assistente socio-psicologica *f*
counselor

la terapia di gruppo
group therapy

il reiki
reiki

l'agopuntura
acupuncture

la medicina aiurvedica
ayurveda

l'ipnositerapia
hypnotherapy

gli oli essenziali
essential oils

la fitoterapia
herbalism

l'aromaterapia
aromatherapy

l'omeopatia
homeopathy

l'agopressione
acupressure

il terapista *m*
la terapista *f*
therapist

la psicoterapia
psychotherapy

vocabolario • vocabulary

la cristalloterapia crystal healing	**la naturopatia** naturopathy	**il rilassamento** relaxation	**a base di erbe** herbal
l'idroterapia hydrotherapy	**il feng shui** feng shui	**lo stress** stress	**l'integratore alimentare** supplement

la casa
home

la casa • house

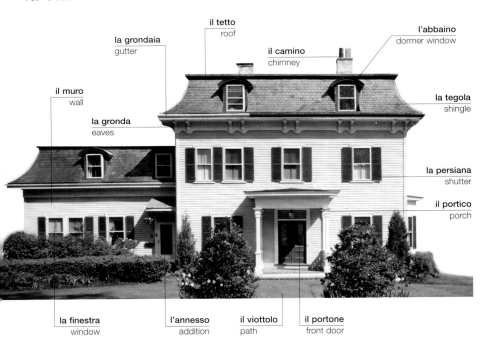

la grondaia
gutter

il tetto
roof

il camino
chimney

l'abbaino
dormer window

il muro
wall

la gronda
eaves

la tegola
shingle

la persiana
shutter

il portico
porch

la finestra
window

l'annesso
addition

il viottolo
path

il portone
front door

vocabolario • vocabulary

unifamiliare single-family	**la casa di città** townhouse	**il garage** garage	**il piano** floor	**il seminterrato** basement	**il padrone** **di casa** *m* **la padrona**
bifamiliare duplex	**il bungalow** bungalow	**la soffitta** attic	**il cortile** courtyard	**affittare** rent (v)	**di casa** *f* landlord
a schiera row house	**l'allarme** **antifurto** burglar alarm	**la cassetta** **per le lettere** mailbox	**la luce del** **portico** porch light	**l'affitto** rent	**l'affittuario** *m* **l'affittuaria** *f* tenant
la stanza room					

l'ingresso • entrance

l'appartamento
apartment

il **corrimano**
hand rail

il **pianerottolo**
landing

la **ringhiera**
banister

la **scala**
staircase

l'**entrata**
foyer

il **balcone**
balcony

il **caseggiato**
apartment building

il **campanello**
doorbell

lo **zerbino**
doormat

il **battente**
door knocker

la **catenella**
door chain

la **chiave**
key

la **serratura**
lock

il **chiavistello**
bolt

il **citofono**
intercom

l'**ascensore**
elevator

i sistemi interni • internal systems

la pala
blade

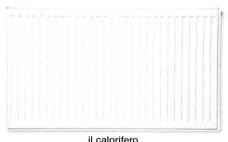

il ventilatore
fan

il calorifero
radiator

la stufa
space heater

il termoventilatore
convection heater

l'elettricità • electricity

il polo di terra
ground pin

neutro
neutral

**la lampadina
a risparmio
energetico**
energy-saving bulb

il polo
pin

in tensione
live

i fili
wires

la spina
plug

vocabolario • vocabulary

la tensione voltage	**il fusibile** fuse	**la presa** outlet	**il generatore** generator	**il trasformatore** transformer
l'ampere amp	**la valvoliera** fuse box	**l'interruttore** switch	**l'elettricità** power	**la rete elettrica** household current
l'interruzione di corrente power outage	**la corrente continua** direct current	**la corrente alternata** alternating current	**il contatore di corrente** electric meter	

l'impianto idraulico • plumbing

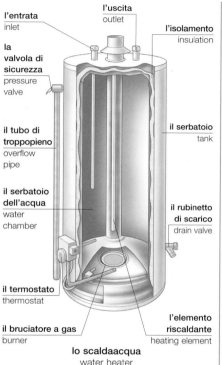

l'entrata
inlet

l'uscita
outlet

l'isolamento
insulation

la valvola di sicurezza
pressure valve

il tubo di troppopieno
overflow pipe

il serbatoio
tank

il serbatoio dell'acqua
water chamber

il rubinetto di scarico
drain valve

il termostato
thermostat

il bruciatore a gas
burner

l'elemento riscaldante
heating element

lo scaldaacqua
water heater

il lavandino • sink

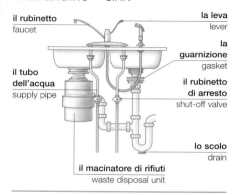

il rubinetto
faucet

la leva
lever

la guarnizione
gasket

il tubo dell'acqua
supply pipe

il rubinetto di arresto
shut-off valve

lo scolo
drain

il macinatore di rifiuti
waste disposal unit

il water • toilet

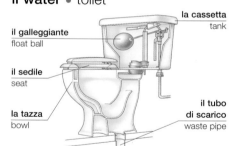

la cassetta
tank

il galleggiante
float ball

il sedile
seat

il tubo di scarico
waste pipe

la tazza
bowl

lo smaltimento dei rifiuti • waste disposal

la bottiglia
bottle

il coperchio
lid

il pedale
pedal

il contenitore di riciclaggio
recycling bin

la pattumiera
trash can

il cassetto per la raccolta differenziata
sorting bin

i rifiuti organici
organic waste

il salotto • living room

l'applique
wall light

il caminetto
fireplace

il soffitto
ceiling

il vaso
vase

il cuscino
pillow

la lampada
lamp

il tavolino
coffee table

il divano
sofa

il pavimento
floor

la cornice
frame

la tenda
curtain

la tendina
sheer curtain

la veneziana
Venetian blinds

l'avvolgibile
roller blind

il quadro
picture

la cornice
molding

la poltrona
armchair

la libreria
bookshelf

il divano letto
sofa bed

il tappeto
rug

lo studio | study

la sala da pranzo • dining room

il pepe
pepper

il sale
salt

il tavolo
table

i piatti
crockery

le posate
cutlery

la sedia
chair

lo schienale
back

il sedile
seat

la gamba
leg

vocabolario • vocabulary

servire serve (v)	**la colazione** breakfast	**la tovaglia** tablecloth	**il pasto** meal	**affamato** *m* **affamata** *f* hungry	**Posso averne ancora, per favore?** Can I have some more, please?
mangiare eat (v)	**il pranzo** lunch	**il set da tavola** place mat	**l'ospite** *m/f* guest	**pieno** *m* **piena** *f* full	**Sono sazio, grazie.** I've had enough, thank you.
apparecchiare set the table (v)	**la cena** dinner	**la porzione** portion	**l'ospite** *m/f* host / hostess		**Era squisito.** That was delicious.

le stoviglie e le posate • crockery and cutlery

la tazza
mug

la tazzina da caffè
coffee cup

il cucchiaino
teaspoon

la tazza da tè
teacup

il piatto
plate

la ciotola
bowl

la caffettiera
French press

la teiera
teapot

la brocca
pitcher

il portauovo
eggcup

il calice da vino
wine glass

il bicchiere
tumbler

la cristalleria
glassware

il portatovagliolo
napkin ring

il piattino
side plate

il piatto piano
dinner plate

il piatto fondo
soup bowl

il cucchiaio da minestra
soup spoon

il tovagliolo
napkin

la forchetta
fork

il cucchiaio
spoon

il coltello
knife

il coperto
place setting

la cucina • kitchen

la cappa
ventilation hood

la mensola
shelf

il piano cottura
in vetroceramica
ceramic stovetop

l'alzatina
paraspruzzi
backsplash

il rubinetto
faucet

il piano
di lavoro
countertop

il lavandino
sink

il forno
oven

il cassetto
drawer

l'armadietto
cabinet

gli elettrodomestici • appliances

il forno a microonde
microwave oven

il recipiente
mixing bowl

il coperchio
lid

la lama
blade

il bollitore
electric kettle

il tostapane
toaster

il tritatutto
food processor

il frullatore
blender

la lavastoviglie
dishwasher

il frigorifero
refrigerator

il freezer
ice maker

il congelatore
freezer

il cassetto
per la verdura
crisper

il frigocongelatore | side-by-side refrigerator

vocabolario · vocabulary	
il piano di cottura stovetop	**congelare** freeze (v)
lo scolapiatti draining board	**scongelare** defrost (v)
il fornello burner	**cuocere al vapore** steam (v)
la pattumiera garbage can	**rosolare** sauté (v)

cucinare · cooking

sbucciare
peel (v)

affettare
slice (v)

grattugiare
grate (v)

versare
pour (v)

mescolare
mix (v)

sbattere
whisk (v)

bollire
boil (v)

friggere
fry (v)

stendere
roll (v)

rimestare
stir (v)

**cuocere a
fuoco lento**
simmer (v)

sobbollire
poach (v)

cuocere al forno
bake (v)

arrostire
roast (v)

**cuocere alla
griglia**
broil (v)

gli utensili da cucina • kitchenware

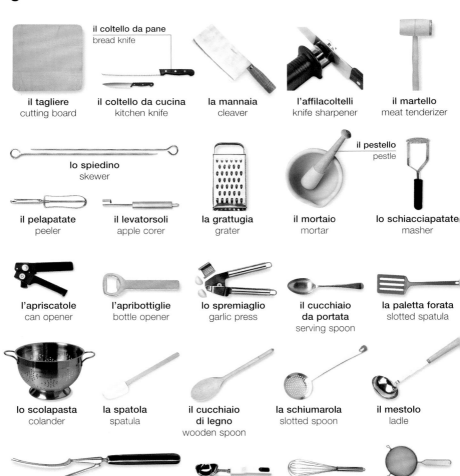

il tagliere
cutting board

il coltello da pane
bread knife

il coltello da cucina
kitchen knife

la mannaia
cleaver

l'affilacoltelli
knife sharpener

il martello
meat tenderizer

lo spiedino
skewer

il pelapatate
peeler

il levatorsoli
apple corer

la grattugia
grater

il mortaio
mortar

il pestello
pestle

lo schiacciapatate
masher

l'apriscatole
can opener

l'apribottiglie
bottle opener

lo spremiaglio
garlic press

**il cucchiaio
da portata**
serving spoon

la paletta forata
slotted spatula

lo scolapasta
colander

la spatola
spatula

**il cucchiaio
di legno**
wooden spoon

la schiumarola
slotted spoon

il mestolo
ladle

il forchettone
carving fork

il cucchiaio dosatore
ice-cream scoop

la frusta
whisk

il colino
sieve

il coperchio
lid

antiaderente
nonstick

la padella
frying pan

la pentola
saucepan

la padella per grigliare
grill pan

il wok
wok

la tajine
tagine

di vetro
glass

pirofilo
ovenproof

la ciotola
mixing bowl

lo stampo per soufflé
soufflé dish

il piatto da gratin
gratin dish

lo stampo
ramekin

la casseruola
casserole dish

la cottura dei dolci • baking cakes

la bilancia
scale

il misurino
measuring cup

lo stampo per dolci
cake pan

lo stampo per torte
pie pan

lo stampo per flan
quiche pan

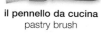

il pennello da cucina
pastry brush

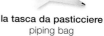

il matterello
rolling pin

la tasca da pasticciere
piping bag

la teglia per muffin
muffin pan

la piastra del forno
cookie sheet

la gratella
cooling rack

il guanto da forno
oven mitt

il grembiule
apron

la camera da letto • bedroom

l'armadio
closet

l'abat-jour
bedside lamp

la testata
headboard

il comodino
nightstand

il cassettone
chest of drawers

il cassetto	il letto	il materasso	il copriletto	il guanciale
drawer	bed	mattress	bedspread	pillow

la borsa dell'acqua calda
hot-water bottle

la radiosveglia
clock radio

la sveglia
alarm clock

la scatola di fazzolettini
box of tissues

la gruccia
coat hanger

la biancheria da letto • bed linen

lo specchio
mirror

la toeletta
dressing
table

la federa
pillowcase

il lenzuolo
sheet

il piumone
comforter

la trapunta
quilt

il pavimento
floor

la coperta
blanket

vocabolario • vocabulary

il letto matrimoniale full bed	le molle del letto bedspring	l'insonnia insomnia	svegliarsi wake up (v)	mettere la sveglia set the alarm (v)
il letto singolo twin bed	il tappeto carpet	andare a letto go to bed (v)	alzarsi get up (v)	russare snore (v)
la termocoperta electric blanket	i piedi del letto footboard	addormentarsi go to sleep (v)	fare il letto make the bed (v)	l'armadio a muro closet

la stanza da bagno • bathroom

la porta
della doccia
shower door

il rubinetto
dell'acqua fredda
cold faucet

il rubinetto
dell'acqua
calda
hot faucet

il soffione
della doccia
shower head

il portasciugamani
towel rack

il lavandino
sink

il tappo
plug

la doccia
shower

lo scarico
drain

il sedile
toilet seat

il water
toilet

lo scopino
da wc
toilet brush

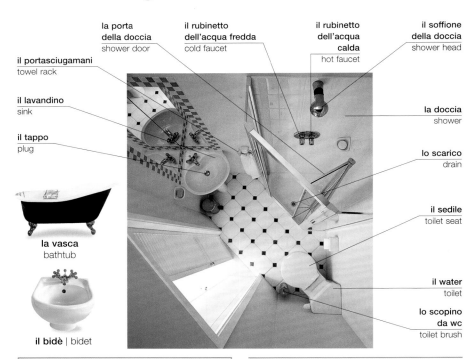

la vasca
bathtub

il bidè | bidet

---

vocabolario • vocabulary

la carta igienica
toilet paper

**l'armadietto
dei medicinali**
medicine cabinet

farsi la doccia
take a shower (v)

lo scendibagno
bath mat

farsi il bagno
take a bath (v)

la tenda da doccia
shower curtain

l'igiene dentale • dental hygiene

il filo
interdentale
dental floss

lo spazzolino da denti
toothbrush

il dentifricio
toothpaste

il collutorio
mouthwash

---

la spugna
sponge

la pomice
pumice stone

la spazzola
back brush

il deodorante
deodorant

il portasapone
soap dish

il docciaschiuma
shower gel

il sapone
soap

la crema per il viso
face cream

il bagnoschiuma
bubble bath

**l'asciugamano
piccolo**
hand towel

**l'asciugamano
grande**
bath towel

gli asciugamani
towels

la lozione per il corpo
body lotion

il talco
talcum powder

l'accappatoio
bathrobe

la rasatura • shaving

**il rasoio
elettrico**
electric razor

la schiuma da barba
shaving foam

la lametta
razor blade

il rasoio monouso
disposable razor

il dopobarba
aftershave

la camera dei bambini • nursery

l'igiene dei bambini • baby care

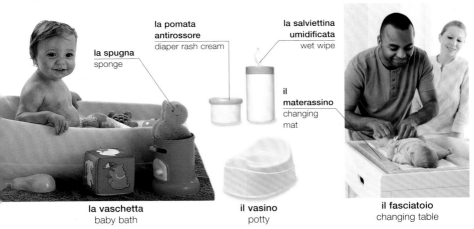

la pomata antirossore
diaper rash cream

la spugna
sponge

la salviettina umidificata
wet wipe

il materassino
changing mat

la vaschetta
baby bath

il vasino
potty

il fasciatoio
changing table

dormire • sleeping

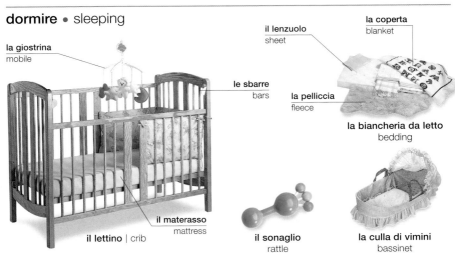

la giostrina
mobile

il lenzuolo
sheet

la coperta
blanket

le sbarre
bars

la pelliccia
fleece

la biancheria da letto
bedding

il materasso
mattress

il lettino | crib

il sonaglio
rattle

la culla di vimini
bassinet

il gioco • playing

la bambola
doll

il peluche
stuffed toy

la casa delle bambole
dollhouse

la casetta dei giochi
playhouse

l'orsacchiotto
teddy bear

il giocattolo
toy

il cesto dei giocattoli
toy basket

la palla
ball

il box
playpen

la sicurezza
safety

il fermo di
sicurezza
child lock

il baby monitor
baby monitor

il cancelletto
stair gate

il pasto • eating

il seggiolone
high chair

la tettarella
nipple

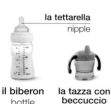

il biberon
bottle

**la tazza con
beccuccio**
sippy cup

la passeggiata • going out

il passeggino
stroller

la capote
hood

la carrozzina
baby carriage

la culla portatile
carrier

il pannolino
diaper

la borsa per il cambio
diaper bag

il marsupio
baby sling

la lavanderia • utility room

il bucato • laundry

**i panni
sporchi**
dirty laundry

**il cesto della
biancheria da lavare**
laundry basket

la lavatrice
washer

la lavasciuga
washer-dryer

l'asciugabiancheria
dryer

**la corda per
il bucato**
clothesline

la molletta
clothespin

asciugare
dry (v)

il ferro da stiro
iron

l'asse da stiro | ironing board

---

vocabolario • vocabulary

caricare load (v)	**centrifugare** spin (v)	**stirare** iron (v)	**Come funziona la lavatrice?** How do I operate the washing machine?
sciacquare rinse (v)	**la centrifuga** spin-dryer	**l'ammorbidente** fabric softener	**Qual è il programma per i tessuti colorati / bianchi?** What is the setting for colors / whites?

gli accessori per la pulizia • cleaning equipment

il tubo di
aspirazione
suction hose

la spazzola
brush

la paletta
dustpan

la candeggina
bleach

il secchio
bucket

liquido
liquid

la polvere
powder

il panno da
spolvero
dust cloth

l'aspirapolvere
vacuum cleaner

il mocio
mop

il detersivo
detergent

la cera
polish

le attività • activities

pulire
clean (v)

lavare
wash (v)

asciugare
wipe (v)

sfregare
scrub (v)

raschiare
scrape (v)

la scopa
broom

spazzare
sweep (v)

spolverare
dust (v)

lucidare
polish (v)

il laboratorio • workshop

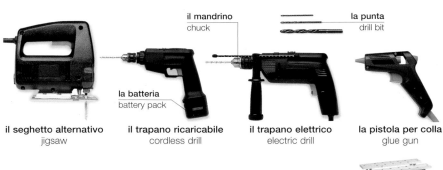

il mandrino
chuck

la punta
drill bit

la batteria
battery pack

il seghetto alternativo
jigsaw

il trapano ricaricabile
cordless drill

il trapano elettrico
electric drill

la pistola per colla
glue gun

il morsetto
clamp

la lama
blade

la morsa
vise

la levigatrice
sander

la sega circolare
circular saw

il banco da lavoro
workbench

la colla da legno
wood glue

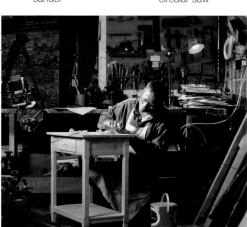

la rastrelliera
per gli arnesi
tool rack

la contornitrice
router

il girabacchino
bit brace

i trucioli
wood shavings

la prolunga
extension cord

le tecniche • techniques

tagliare
cut (v)

segare
saw (v)

forare
drill (v)

martellare
hammer (v)

piallare
plane (v)

tornire
turn (v)

la lega per saldatura
solder

incidere
carve (v)

saldare
solder (v)

i materiali • materials

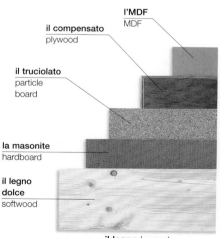

l'MDF
MDF

il compensato
plywood

il truciolato
particle board

la masonite
hardboard

il legno dolce
softwood

il legno | wood

il legno massello
hardwood

la lacca
varnish

il mordente per legno
wood stain

il filo
wire

il cavo
cable

l'acciaio inossidabile
stainless steel

zincato
galvanized

il metallo | metal

la scatola degli attrezzi • toolbox

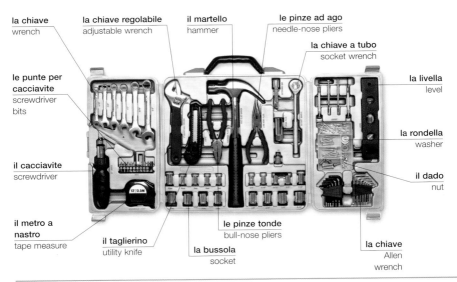

la chiave
wrench

la chiave regolabile
adjustable wrench

il martello
hammer

le pinze ad ago
needle-nose pliers

la chiave a tubo
socket wrench

le punte per cacciavite
screwdriver bits

la livella
level

la rondella
washer

il cacciavite
screwdriver

il dado
nut

il metro a nastro
tape measure

il taglierino
utility knife

le pinze tonde
bull-nose pliers

la bussola
socket

la chiave
Allen wrench

le punte • drill bits

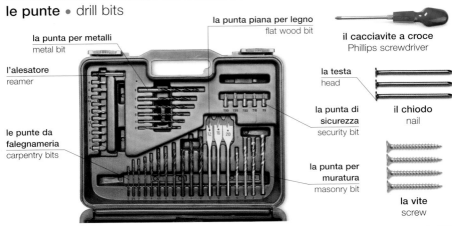

la punta per metalli
metal bit

la punta piana per legno
flat wood bit

il cacciavite a croce
Phillips screwdriver

l'alesatore
reamer

la testa
head

la punta di sicurezza
security bit

il chiodo
nail

le punte da falegnameria
carpentry bits

la punta per muratura
masonry bit

la vite
screw

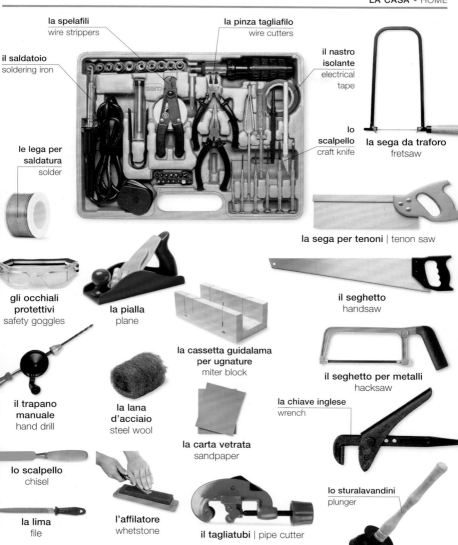

la spelafili wire strippers

la pinza tagliafilo wire cutters

il saldatoio soldering iron

il nastro isolante electrical tape

lo scalpello craft knife

la sega da traforo fretsaw

le lega per saldatura solder

la sega per tenoni | tenon saw

gli occhiali protettivi safety goggles

la pialla plane

la cassetta guidalama per ugnature miter block

il seghetto handsaw

il seghetto per metalli hacksaw

il trapano manuale hand drill

la lana d'acciaio steel wool

la chiave inglese wrench

la carta vetrata sandpaper

lo scalpello chisel

la lima file

l'affilatore whetstone

il tagliatubi | pipe cutter

lo sturalavandini plunger

la decorazione • decorating

le forbici
scissors

il taglierino
utility knife

il filo a piombo
plumb line

la spatola
putty knife

il decoratore *m*
la decoratrice *f*
decorator

**la carta
da parati**
wallpaper

**la spazzola per
carta da parati**
wallpaper brush

**il tavolo
da lavoro**
pasting table

**il pennello
da colla**
pasting brush

**la colla
da parati**
wallpaper paste

il secchio
bucket

tappezzare | wallpaper (v)

staccare
strip (v)

stuccare
fill (v)

scartavetrare
sand (v)

intonacare | plaster (v)

incollare | hang (v)

piastrellare | tile (v)

il rullo
roller

la vaschetta per la vernice
paint tray

il pennello
brush

**il barattolo
di vernice**
paint can

la vernice
paint

lo stucco
filler

la scaletta
stepladder

dipingere
paint (v)

la spugna
sponge

il nastro adesivo
masking tape

la carta vetrata
sandpaper

la trementina
turpentine

l'acquaragia
paint thinner

---

vocabolario • vocabulary

l'intonaco plaster	opaco matte	la carta da rivestimento lining paper	il conservante preservative	la tuta coveralls
la vernice trasparente varnish	lo stampino stencil	il primer primer	il sigillante sealant	il telo di protezione drop cloth
la pittura latex paint	la carta a rilievo embossed paper	la mano di fondo undercoat	il solvente solvent	
lucido gloss		la mano finale topcoat	la malta grout	

il giardino • garden

i tipi di giardino • garden styles

gli ornamenti
per il giardino
garden features

il giardino a patio
patio garden

il giardino all'italiana | formal garden

il giardino all'inglese
cottage garden

il giardino delle erbe
herb garden

il giardino pensile
roof garden

il giardino di pietra
rock garden

il cortile
courtyard

il giardino acquatico
water garden

il cesto sospeso
hanging basket

il graticcio
trellis

la pergola
arbor

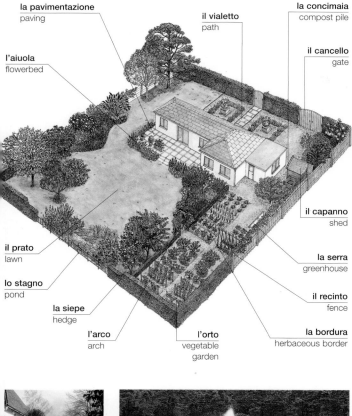

la pavimentazione
paving

il vialetto
path

la concimaia
compost pile

l'aiuola
flowerbed

il cancello
gate

il prato
lawn

lo stagno
pond

la siepe
hedge

l'arco
arch

l'orto
vegetable garden

il capanno
shed

la serra
greenhouse

il recinto
fence

la bordura
herbaceous border

il terreno
soil

lo strato superficiale
topsoil

la sabbia
sand

il calcare
chalk

il limo
silt

l'argilla
clay

la pavimentazione
deck

la fontana | fountain

le piante da giardino • garden plants

i tipi di piante • types of plants

annuale
annual

biennale
biennial

perenne
perennial

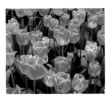

il bulbo
bulb

la felce
fern

il giunco
cattail

il bambù
bamboo

le erbacce
weeds

l'erba aromatica
herb

la pianta acquatica
water plant

l'albero
tree

a foglie caduche
deciduous

la palma
palm

la conifera
conifer

sempreverde
evergreen

l'arte topiaria
topiary

la pianta alpina
alpine

la pianta grassa
succulent

il cactus
cactus

la pianta da vaso
potted plant

la pianta d'ombra
shade plant

il rampicante
climber

**l'arbusto
da fiore**
flowering shrub

**la pianta
tappezzante**
ground cover

la pianta strisciante
creeper

ornamentale
ornamental

l'erba
grass

gli attrezzi da giardino • garden tools

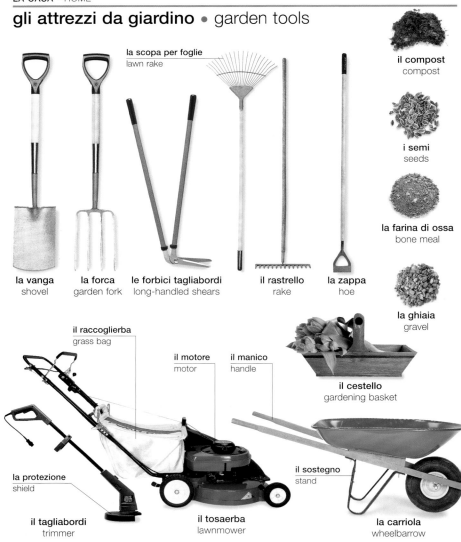

la scopa per foglie
lawn rake

il compost
compost

i semi
seeds

la farina di ossa
bone meal

la vanga
shovel

la forca
garden fork

le forbici tagliabordi
long-handled shears

il rastrello
rake

la zappa
hoe

la ghiaia
gravel

il raccoglierba
grass bag

il motore
motor

il manico
handle

il cestello
gardening basket

la protezione
shield

il sostegno
stand

il tagliabordi
trimmer

il tosaerba
lawnmower

la carriola
wheelbarrow

la forca
hand fork

la cesoia
pruners

i guanti da giardinaggio
gardening gloves

la paletta
trowel

il refe
twine

le etichette
labels

la lama
blade

**il vassoio per
la semina**
seed tray

le fettucce
twist ties

gli anelli
ring ties

le forbici da giardino
shears

le canne
canes

il setaccio
sieve

la sega
handsaw

il pesticida
pesticide

il vaso da fiori
plant pot

le galosce
rubber boots

l'annaffiatura • watering

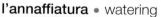

il diffusore
spray bottle

l'irrigatore
sprinkler

il becco
nozzle

l'annaffiatoio
watering can

la pompa da giardino
hose

la rosa
spray

l'avvolgitubo | hose reel

il giardinaggio • gardening

il prato
lawn

l'aiuola
flowerbed

il tosaerba
lawnmower

la siepe
hedge

il tutore
stake

tagliare l'erba | mow (v)

**ricoprire di
zolle erbose**
sod (v)

inforcare
spike (v)

rastrellare
rake (v)

spuntare
trim (v)

scavare
dig (v)

seminare
sow (v)

**concimare a
spandimento**
top dress (v)

annaffiare
water (v)

far crescere
train (v)

togliere i fiori appassiti
deadhead (v)

spruzzare
spray (v)

la canna
cane

innestare
graft (v)

la propaggine
cutting

propagare
propagate (v)

potare
prune (v)

legare a un tutore
stake (v)

trapiantare
transplant (v)

sradicare le erbacce
weed (v)

pacciamare
mulch (v)

raccogliere
harvest (v)

vocabolario • vocabulary

coltivare cultivate (v)	**progettare il giardino** landscape (v)	**concimare** fertilize (v)	**setacciare** sift (v)	**il semenzale** seedling	**il concime** fertilizer	**il sottosuolo** subsoil
curare tend (v)	**invasare** pot (v)	**cogliere** pick (v)	**aerare** aerate (v)	**biologico** *m* **biologica** *f* organic	**il drenaggio** drainage	**il diserbante** weedkiller

i servizi
services

i servizi di emergenza • emergency services

l'ambulanza • ambulance

la barella
stretcher

l'ambulanza
ambulance

il paramedico *m* / la paramedico *f*
paramedic

la polizia • police

l'uniforme
uniform

la sirena
siren

la luce
lights

il distintivo
badge

il manganello
nightstick

la pistola
gun

l'auto della polizia
police car

la stazione di polizia
police station

le manette
handcuffs

l'agente di polizia *m/f*
police officer

vocabolario • vocabulary

l'impronta digitale fingerprint	l'ispettore *m* l'ispettrice *f* captain	l'aggressione assault	l'arresto arrest
il reato crime	l'investigatore *m* l'investigatrice *f* detective	l'indagine investigation	la cella cell
il furto burglary	il sospettato *m* la sospettata *f* suspect	la denuncia complaint	l'accusa charge

i vigili del fuoco • fire department

il fumo
smoke

la gabbia
basket

il braccio
boom

l'incendio | fire

il casco
helmet

l'idrante
hose

**il getto
d'acqua**
water jet

i vigili del fuoco
firefighters

la scala
ladder

la cabina
cab

la scala antincendio
fire escape

l'autopompa
fire engine

**la caserma dei
vigili del fuoco**
fire station

l'allarme antifumo
smoke alarm

**l'allarme
antincendio**
fire alarm

l'ascia
ax

l'estintore
fire extinguisher

l'idrante
hydrant

Ho bisogno della polizia / dei vigili del fuoco / di un'ambulanza. I need the police / fire department / an ambulance.	**C'è un incendio a…** There's a fire at…	**C'è stato un incidente.** There's been an accident.	**Chiamate la polizia!** Call the police!

la banca • bank

il cassiere *m*
la cassiera *f*
teller

lo sportello
window

il cliente *m*
la cliente *f*
customer

il banco
counter

la carta di debito
debit card

la carta di credito
credit card

il lettore di carte
card reader

il numero
di conto
account number

l'importo
amount

i moduli di versamento
deposit slips

---

vocabolario • vocabulary

i risparmi savings	**l'ipoteca** mortgage	**il pagamento** payment	**versare** deposit (v)	**il conto corrente** checking account
l'imposta tax	**lo scoperto** overdraft	**il prestito** loan	**il pin** PIN	**il conto di risparmio** savings account
l'addebito diretto automatic payment	**il tasso d'interesse** interest rate	**il modulo di prelievo** withdrawal slip	**la commissione bancaria** bank charge	**il bonifico** bank transfer

---

l'app bancaria
banking app

l'home banking
online banking

la moneta
coin

la banconota
bill

il denaro
money

lo schermo
screen

la tastiera
keypad

la fessura
per la carta
card reader

il bancomat
ATM

la valuta estera
foreign currency

l'ufficio di cambio
currency exchange

il tasso di cambio
exchange rate

la finanza • finance

il corso per azione
share price

il consulente
finanziario m / la
consulente finanziaria f
financial advisor

l'agente di
borsa m/f
stockbroker

la borsa valori
stock exchange

vocabolario • vocabulary

i dividendi dividends	incassare cash (v)
il portafoglio portfolio	la denominazione denomination
il capitale netto equity	la commissione commission
la valuta digitale digital currency	l'investimento investment
il commercialista m la commercialista f accountant	i titoli stocks
	le azioni shares

Posso cambiare questo?
Can I change this please?

Qual è il tasso di cambio oggi?
What's today's exchange rate?

le comunicazioni • communications

l'impiegato
delle poste *m*
l'impiegata
delle poste *f*
postal worker

lo sportello
window

la bilancia
scale

il banco
counter

l'ufficio postale | post office

il timbro postale
postmark

il francobollo
stamp

l'indirizzo
address

il codice di
avviamento postale
zip code

la busta | envelope

il postino *m* **/ la postina** *f*
mail carrier

---

vocabolario • vocabulary

la lettera letter	**il mittente** return address	**la consegna** delivery	**non piegare** do not bend (v)
per posta aerea by airmail	**la levata della posta** pickup	**l'affrancatura** postage	**alto** this way up
la posta raccomandata registered mail	**la firma** signature	**fragile** fragile	**il sacco postale** mailbag

---

la buca delle lettere
mailbox

la cassetta delle lettere
letter slot

il pacco
package

il corriere *m/f*
courier

il telefono • telephone

il ricevitore
handset

la segreteria telefonica
answering machine

l'app
app

la base
base station

la tastiera
keypad

il telefono senza fili
cordless phone

lo smartphone
smartphone

---

vocabolario • vocabulary

il codice d'accesso passcode	**il messaggio vocale** voice message	**il telefonino** cell phone	**Può darmi il numero per... ?** Can you give me the number for... ?
comporre dial (v)	**occupato** busy	**il roaming dati** data roaming	**Qual è il prefisso per... ?** What is the area code for... ?
rispondere answer (v)	**interrotto** disconnected	**i dati mobili** mobile data	**Mandami un SMS!** Text me!
il messaggio (SMS) text (SMS)	**il Wifi** Wi-Fi		

---

l'albergo • hotel

la hall • lobby

l'ospite *m/f*
guest

la chiave magnetica
key card

il receptionist *m*
la receptionist *f*
receptionist

il banco
counter

la reception | reception

il bagaglio
luggage

il carrello
cart

il facchino *m* / **la facchina** *f*
porter

l'ascensore
elevator

il numero della camera
room number

le camere • rooms

la camera singola
single room

la camera doppia
double room

la camera a due letti
twin room

il bagno privato
private bathroom

i servizi • services

il vassoio della colazione
breakfast tray

il servizio di pulizia
maid service

il servizio di lavanderia
laundry service

il servizio in camera | room service

il minibar
minibar

il ristorante
restaurant

la palestra
gym

la piscina
swimming pool

vocabolario • vocabulary

la pensione completa
all meals included

la mezza pensione
some meals included

il pernottamento e la prima colazione
bed and breakfast

Avete una camera libera?
Do you have any vacancies?

Ho una prenotazione
I have a reservation.

Vorrei una camera singola
I'd like a single room.

Vorrei una camera per tre notti.
I'd like a room for three nights.

Quanto costa la camera a notte?
What is the charge per night?

Quando devo lasciare la stanza?
When do I have to check out?

gli acquisti
shopping

il centro commerciale • shopping center

l'atrio
atrium

il secondo
piano
third floor

il primo piano
second floor

il cliente *m*
la cliente *f*
customer

il piano
terra
ground floor

la scala mobile
escalator

vocabolario • vocabulary

il reparto bambini
children's department

la guida al negozio
store directory

i camerini
fitting rooms

Quanto costa questo?
How much is this?

il reparto bagagli
luggage department

il commesso *m*
la commessa *f*
salesclerk

le toilette
restroom

**Posso cambiare
questo?**
May I exchange this?

il reparto calzature
shoe department

l'assistenza clienti
customer services

**il spazio con
fasciatoio**
baby changing room

il grande magazzino • department store

l'abbigliamento da uomo
menswear

l'abbigliamento da donna
womens wear

la biancheria intima
lingerie

la profumeria
perfumes

la cosmesi
cosmetics

la biancheria
linens

l'arredamento per la casa
home furnishings

la merceria
notions

gli articoli da cucina
kitchenware

la porcellana
china

gli articoli elettronici
electronics

l'illuminazione
lighting

gli articoli sportivi
sportswear

i giocattoli
toys

la cancelleria
stationery

il reparto alimentari
groceries

il **supermercato** • supermarket

il cliente *m*
la cliente *f*
customer

il cassiere *m*
la cassiera *f*
checker

la corsia
aisle

lo scaffale
shelf

le offerte
specials

la cassa | checkout

la busta della spesa
shopping bag

la cassa
cash register

il nastro
convogliatore
conveyor belt

la spesa
groceries

il manico
handle

il codice a barre
bar code

il carrello
grocery cart

il cestino
basket

il lettore ottico
scanner

la panetteria
bakery

i latticini
dairy

i cereali da colazione
breakfast cereals

lo scatolame
canned food

i dolci
candy

la verdura
vegetables

la frutta
fruit

la carne e il pollame
meat and poultry

il pesce
fish

la salumeria
deli

i surgelati
frozen food

i precotti
prepared food

le bibite
drinks

i casalinghi
household products

gli articoli da toilette
toiletries

i prodotti per bambini
baby products

gli articoli elettrici
electrical goods

il cibo per animali
pet food

le riviste | magazines

la farmacia • drugstore

i prodotti
per i denti
dental care

l'igiene
femminile
feminine
hygiene

i deodoranti
deodorants

le vitamine
vitamins

il dispensario
pharmacy

il farmacista *m*
la farmacista *f*
pharmacist

la medicina
per la tosse
cough medicine

i rimedi fitoterapici
herbal remedies

i prodotti per la pelle
skin care

il doposole
aftersun
lotion

la crema solare
sunscreen

**la crema
schermo totale**
sunblock

il repellente per insetti
insect repellent

la salviettina umidificata
wet wipe

il fazzolettino
tissue

l'assorbente
sanitary napkin

il tampone
tampon

il salvaslip
panty liner

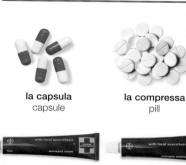

il cucchiaio
dosatore
measuring spoon

le istruzioni
instructions

la capsula
capsule

la compressa
pill

lo sciroppo
syrup

l'inalatore
inhaler

la pomata
cream

l'unguento
ointment

il gel
gel

la supposta
suppository

il contagocce
dropper

l'ago
needle

le gocce
drops

la siringa
syringe

lo spray
spray

la polvere
powder

---

vocabolario • vocabulary

il ferro iron	**le multivitamine** multivitamins	**monouso** disposable	**la medicina** medicine	**il sedativo** sedative
il calcio calcium	**gli effetti collaterali** side effects	**la mascherina** face mask	**il lassativo** laxative	**il sonnifero** sleeping pill
il magnesio magnesium	**la data di scadenza** expiration date	**solubile** soluble	**l'antidolorifico** painkiller	**l'antinfiammatorio** anti-inflammatory
l'insulina insulin	**Le pillole antinausea** motion-sickness pills	**il dosaggio** dosage	**la pasticca per la gola** throat lozenge	**il farmaco antidiarroico** diarrhea medication
		il medicamento medication		

---

la fioreria • florist

i fiori
flowers

il giglio
lily

l'acacia
acacia

il garofano
carnation

la pianta
da vaso
potted plant

il gladiolo
gladiolus

l'iris
iris

la margherita
daisy

il crisantemo
chrysanthemum

la gipsofila
baby's breath

la violacciocca
stock

la gerbera
gerbera

il fogliame
foliage

la rosa
rose

la fresia
freesia

le composizioni • arrangements

il vaso
vase

l'orchidea
orchid

la peonia
peony

il mazzetto
bunch

lo stelo
stem

il narciso
daffodil

il bocciolo
bud

la confezione
wrapping

il tulipano | tulip

il nastro
ribbon

il mazzo di fiori
bouquet

i fiori secchi
dried flowers

il pot-pourri | potpourri

la corona | wreath

la ghirlanda
garland

vocabolario • vocabulary

**Mi dà un mazzo di…
per favore?**
Can I have a bunch of…,
please?

Me li può confezionare?
Can I have them wrapped?

**Posso allegare un
messaggio?**
Can I attach a message?

Quanto dureranno?
How long will these last?

Sono profumati?
Are they fragrant?

Li può mandare a… ?
Can you send them to… ?

l'edicola • newsstand

il pacchetto
di sigarette
pack of cigarettes

l'accendino
lighter

il posacenere
ashtray

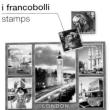

i francobolli
stamps

la cartolina
postcard

il giornalino a fumetti
comic book

la rivista
magazine

il giornale
newspaper

fumare • smoking

il tabacco
tobacco

il sigaro
cigar

la sigaretta elettronica
vape

**il liquido per la
sigaretta elettronica**
vape liquid

il negozio di dolciumi • candy store

la scatola di cioccolatini
box of chocolates

la barretta
snack bar

le patatine
potato chips

vocabolario • vocabulary

il caramello caramel	**il biscotto** cookie
il tartufo truffle	**le caramelle** boiled sweets
il cioccolato al latte milk chocolate	**il cioccolato bianco** white chocolate
il cioccolato fondente dark chocolate	**la caramelle assortite** pick and mix

i dolciumi • confectionery

il cioccolatino
chocolate

la tavoletta di cioccolata
chocolate bar

le caramelle
hard candy

il lecca lecca
lollipop

la caramella mou
toffee

il torrone
nougat

la caramella gommosa
marshmallow

la mentina
mint

la gomma da masticare
chewing gum

la caramella di gelatina
jellybean

la caramella alla frutta
gumdrop

la liquirizia
licorice

gli altri negozi • other stores

il panificio
bakery

la pasticceria
pastry shop

la macelleria
butcher shop

la pescheria
fish counter

il fruttivendolo
produce stand

il negozio di alimentari
grocery store

il negozio di calzature
shoe store

il negozio di ferramenta
hardware store

il negozio di antiquariato
antiques store

il negozio di articoli da regalo
gift shop

l'agenzia di viaggi
travel agency

la gioielleria
jewelry store

la libreria
bookstore

l'enoteca
liquor store

il negozio di animali
pet supplies store

il negozio di mobili
furniture store

la boutique
boutique

vocabolario • vocabulary

l'agenzia immobiliare
real estate office

il centro di giardinaggio
garden center

il lavasecco
dry cleaner

la lavanderia
laundromat

il fabbro
locksmith

la gastronomia
deli

il negozio di prodotti dietetici naturali
health food store

il negozio di articoli per l'arte
art supply store

il negozio dell'usato
secondhand store

la sartoria
tailor shop

il parrucchiere
salon

il negozio di telefonia
phone store

la calzoleria
shoe repairs

il mercato | market

il cibo
food

la carne • meat

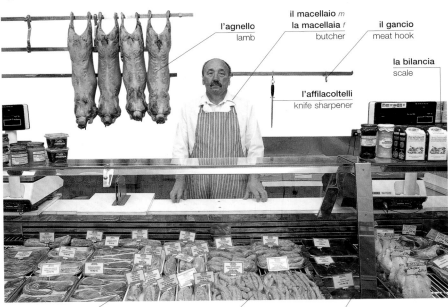

l'agnello
lamb

il macellaio *m*
la macellaia *f*
butcher

il gancio
meat hook

la bilancia
scale

l'affilacoltelli
knife sharpener

la pancetta
bacon

le salsicce
sausages

il fegato
liver

vocabolario • vocabulary

il maiale pork	**la capra** goat	**essiccato** *m* **essiccata** *f* cured	**ruspante** free range	**la carne rossa** red meat
il manzo beef	**il coniglio** rabbit	**affumicato** *m* **affumicata** *f* smoked	**la cacciagione** game	**la carne magra** lean meat
il vitello veal	**la lingua** tongue		**biologico** *m* **biologica** *f* organic	**la carne cotta** cooked meat
il cervo venison	**le frattaglie** variety meat	**halal** halal		
		kosher kosher	**la carne bianca** white meat	

i tagli • cuts

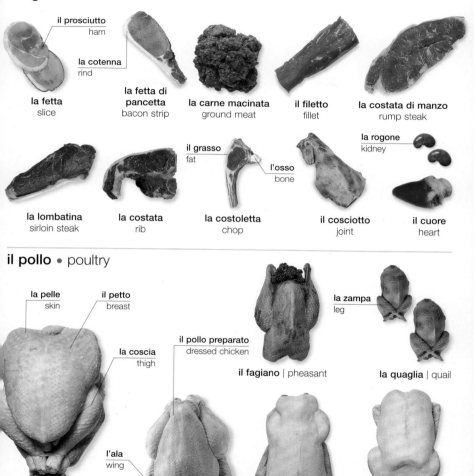

la fetta
slice

il prosciutto
ham

la cotenna
rind

la fetta di pancetta
bacon strip

la carne macinata
ground meat

il filetto
fillet

la costata di manzo
rump steak

la lombatina
sirloin steak

la costata
rib

il grasso
fat

l'osso
bone

la costoletta
chop

la rogone
kidney

il cosciotto
joint

il cuore
heart

il pollo • poultry

la pelle
skin

il petto
breast

la coscia
thigh

il pollo preparato
dressed chicken

il fagiano | pheasant

la zampa
leg

la quaglia | quail

l'ala
wing

il tacchino
turkey

il pollo | chicken

l'anatra | duck

l'oca | goose

il pesce • fish

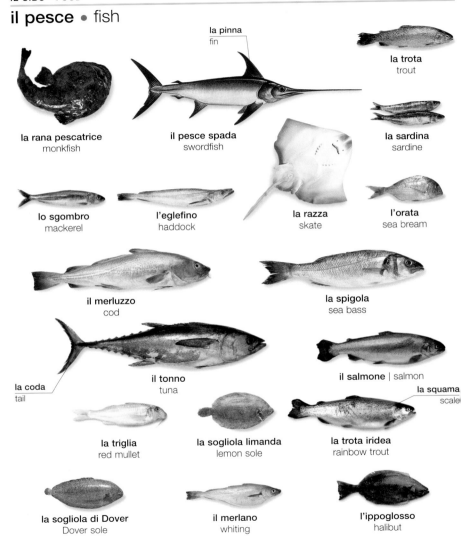

la pinna
fin

la trota
trout

la rana pescatrice
monkfish

il pesce spada
swordfish

la sardina
sardine

lo sgombro
mackerel

l'eglefino
haddock

la razza
skate

l'orata
sea bream

il merluzzo
cod

la spigola
sea bass

la coda
tail

il tonno
tuna

il salmone | salmon

la squama
scale

la triglia
red mullet

la sogliola limanda
lemon sole

la trota iridea
rainbow trout

la sogliola di Dover
Dover sole

il merlano
whiting

l'ippoglosso
halibut

i frutti di mare • seafood

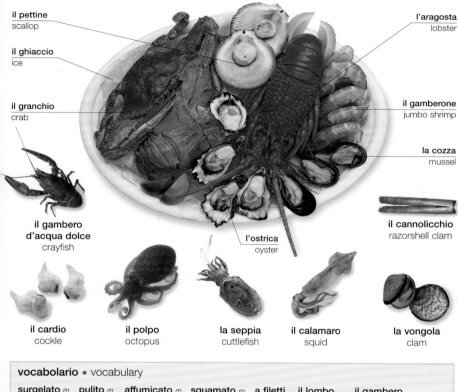

il pettine
scallop

il ghiaccio
ice

il granchio
crab

l'aragosta
lobster

il gamberone
jumbo shrimp

la cozza
mussel

il gambero
d'acqua dolce
crayfish

l'ostrica
oyster

il cannolicchio
razorshell clam

il cardio
cockle

il polpo
octopus

la seppia
cuttlefish

il calamaro
squid

la vongola
clam

vocabolario • vocabulary

surgelato *m*	pulito *m*	affumicato *m*	squamato *m*	a filetti	il lombo	il gambero
surgelata *f*	pulita *f*	affumicata *f*	squamata *f*	filleted	loin	shrimp
frozen	cleaned	smoked	scaled			
				il filetto	la trancia	
fresco *m*	salato *m*	spellato *m*	spinato *m*	fillet	steak	Me lo pulisce?
fresca *f*	salata *f*	spellata *f*	spinata *f*			Will you clean it
fresh	salted	skinned	boned			for me?

la verdura • vegetables (1)

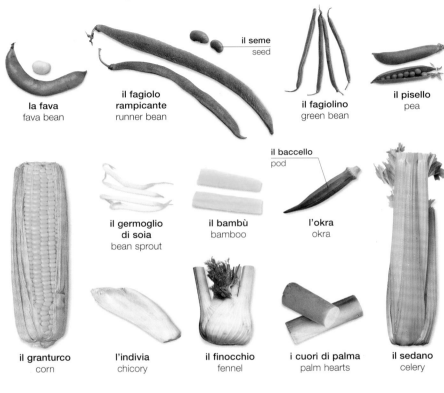

il seme
seed

la fava
fava bean

il fagiolo
rampicante
runner bean

il fagiolino
green bean

il pisello
pea

il baccello
pod

il germoglio
di soia
bean sprout

il bambù
bamboo

l'okra
okra

il granturco
corn

l'indivia
chicory

il finocchio
fennel

i cuori di palma
palm hearts

il sedano
celery

---

vocabolario • vocabulary

la foglia leaf	il germoglio floret	la punta tip	biologico *m* biologica *f* organic	**Vendete verdure biologiche?** Do you sell organic vegetables?
lo stelo stalk	il nocciolo kernel	il cuore heart	**la busta di plastica** plastic bag	**Queste sono della zona?** Are these grown locally?

la rucola
arugula

il crescione
watercress

il radicchio
radicchio

**il cavolino
di Bruxelles**
Brussels sprout

la bietola
Swiss chard

il cavolo riccio
kale

l'acetosa
sorrel

l'indivia
endive

il dente di leone
dandelion

gli spinaci
spinach

il cavolo rapa
kohlrabi

la bieta
bok choy

la lattuga
lettuce

il broccolo
broccoli

il cavolo
cabbage

il cavolo primaticcio
spring greens

la verdura • vegetables (2)

la rapa
turnip

il carciofo
artichoke

il ravanello
radish

il cavolfiore
cauliflower

l'asparago
asparagus

la patata
potato

la zucca
squash

la cipolla
onion

il peperone
bell pepper

il mais
corn

il peperoncino
chili pepper

vocabolario • vocabulary

il pomodoro ciliegino cherry tomato	**il sedano rapa** celeriac	**surgelato** *m* **surgelata** *f* frozen	**amaro** *m* **amara** *f* bitter	**Mi dà un chilo di patate, per favore?** Can I have one kilo of potatoes, please?
la carota carrot	**la cassava** cassava	**crudo** *m* **cruda** *f* raw	**sodo** *m* **soda** *f* firm	**Quanto costa al chilo?** What's the price per kilo?
la patata novella new potato	**la radice di taro** taro root	**piccante** hot (spicy)	**la polpa** flesh	**Quelli come si chiamano?** What are those called?
il frutto dell'albero del pane breadfruit	**la castagna d'acqua** water chestnut	**dolce** sweet	**la radice** root	

la patata dolce
sweet potato

l'igname
yam

la barbabietola
beet

la rapa svedese
rutabaga

il topinambur
Jerusalem
artichoke

il rafano
horseradish

la pastinaca
parsnip

lo zenzero
ginger

la melanzana
eggplant

il pomodoro
tomato

la cipollina
scallion

il porro
leek

lo scalogno
shallot

l'aglio
garlic

lo spicchio
clove

il tartufo
truffle

il fungo
mushroom

il cetriolo
cucumber

la zucchina
zucchini

la zucca violina
butternut squash

la zucca
a ghianda
acorn squash

la zucca
pumpkin

la frutta • fruit (1)

gli agrumi • citrus fruit

l'arancio
orange

la clementina
clementine

la scorza
interna
pith

il mapo
ugli fruit

il pompelmo
grapefruit

lo spicchio
segment

il mandarino
tangerine

il satsuma
satsuma

la scorza
zest

la limetta
lime

il limone
lemon

il kumquat
kumquat

la frutta col nocciolo
stone fruit

la pesca
peach

la pesca noce
nectarine

l'albicocca
apricot

la prugna
plum

la ciliegia
cherry

la mela
apple

la pera
pear

il cestino di frutta | basket of fruit

i frutti di bosco e i meloni • berries and melons

la fragola
strawberry

il lampone
raspberry

il melone
melon

la mora
blackberry

il ribes rosso
red currant

l'uva
grapes

il mirtillo rosso
cranberry

il ribes nero
black currant

la buccia
rind

il seme
seed

la polpa
flesh

il mirtillo
blueberry

il ribes bianco
white currant

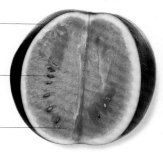

l'anguria
watermelon

la mora-lampone
loganberry

l'uva spina
gooseberry

---

vocabolario • vocabulary

il rabarbaro rhubarb	**fresco** *m* **fresca** *f* fresh	**la polpa** pulp	**Sono maturi?** Are they ripe?
la fibra fiber	**marcio** *m* **marcia** *f* rotten	**senza semi** seedless	**Posso assaggiarne uno?** Can I try one?
dolce sweet	**succoso** *m* **succosa** *f* juicy	**il succo** juice	**Per quanto tempo si mantengono?** How long will they keep?
aspro *m* **aspra** *f* sour	**croccante** crisp	**il torsolo** core	

la frutta • fruit (2)

il mango
mango

l'ananas
pineapple

l'avocado
avocado

la papaia
papaya

la pesca
peach

il litchi
lychee

il kiwi
kiwifruit

l'alchechengi
Cape gooseberry

il seme
seed

la buccia
peel

la mela cotogna
quince

il frutto della passione
passion fruit

la banana
banana

la guaiava
guava

la melagrana
pomegranate

il cachi
persimmon

il feijoa
feijoa

il fico d'india
prickly pear

la carambola
starfruit

il tamarillo
tamarillo

le noci e la frutta secca • nuts and dried fruit

il pinolo
pine nut

il pistacchio
pistachio

l'anacardio
cashew

l'arachide
peanut

la nocciola
hazelnut

la mandorla brasiliana
brazil nut

la noce di pecan
pecan

la mandorla
almond

la noce
walnut

la castagna
chestnut

la noce di macadamia
macadamia

il fico
fig

il dattero
date

la prugna secca
prune

il guscio
shell

la polpa
flesh

l'uva sultanina
sultana

l'uvetta
raisin

l'uva passa
currant

la noce di cocco
coconut

---

vocabolario • vocabulary

maturo m **matura** f ripe	**duro** m **dura** f hard	**essiccato** m **essiccata** f desiccated	**crudo** m **cruda** f raw	**la frutta tropicale** tropical fruit	**la frutta candita** candied fruit	**intero** m **intera** f whole
verde green	**morbido** m **morbida** f soft	**salato** m **salata** f salted	**arrostito** m **arrostita** f roasted	**stagionale** seasonal	**sgusciato** m **sgusciata** f shelled	**il nocciolo** kernel
il giaco jackfruit						

---

le granaglie e i legumi secchi • grains and legumes

le granaglie • grains

il grano
wheat

l'avena
oats

l'orzo
barley

il miglio
millet

il mais
corn

la quinoa
quinoa

vocabolario • vocabulary

secco m **secca** f dry	**fresco** m **fresca** f fresh	**cottura facile** quick cooking
il seme seed	**profumato** m **profumata** f fragranced	**integrale** whole-grain
la pula husk	**il cereale** cereal	**a chicco lungo** long-grain
il cuore kernel	**mettere a bagno** soak (v)	**a chicco corto** short-grain

il riso • rice

il riso bianco
white rice

il riso integrale
brown rice

il riso selvatico
wild rice

il riso da budino
arborio rice

i cereali trattati • processed grains

il cuscus
couscous

il grano spezzato
cracked wheat

la semola
semolina

la crusca
bran

i legumi • legumes

i fagioli bianchi
butter beans

i fagioli cannellini
haricot beans

i fagioli di Spagna
red kidney beans

i fagioli aduki
adzuki beans

le fave
fava beans

i semi di soia
soybeans

i fagioli dall'occhio nero
black-eyed peas

i fagioli borlotti
pinto beans

i fagioli mung
mung beans

i fagioli nani
flageolet beans

le lenticchie marroni
brown lentils

le lenticchie rosse
red lentils

i piselli
green peas

i ceci
chickpeas

i piselli spezzati
split peas

i semi • seeds

il seme di zucca
pumpkin seed

il seme di mostarda
mustard seed

il seme di cumino dei prati
caraway seed

il seme di sesamo
sesame seed

il seme di girasole
sunflower seed

le erbe aromatiche e le spezie • herbs and spices

le spezie • spices

la vaniglia
vanilla

la noce moscata
nutmeg

il macis
mace

la curcuma
turmeric

il cumino
cumin

**il mazzetto
odoroso**
bouquet garni

**il pepe della
Giamaica**
allspice

il grano di pepe
peppercorn

il fieno greco
fenugreek

**il peperoncino
rosso**
chili powder

intero *m* / **intera** *f*
whole

tritato *m*
tritata *f*
crushed

lo zafferano
saffron

il cardamomo
cardamom

**la polvere
di curry**
curry powder

macinato
ground

la paprica
paprika

grattugiato
flakes

l'aglio
garlic

le erbe aromatiche • herbs

i bastoncini
sticks

la cannella
cinnamon

la citronella
lemongrass

i chiodi di garofano
cloves

l'anice stellato
star anise

lo zenzero
ginger

il finocchio
fennel

i semi di finocchio
fennel seeds

l'erba cipollina
chives

il dragoncello
tarragon

l'origano
oregano

la menta
mint

la maggiorana
marjoram

il coriandolo
cilantro

l'alloro
bay leaf

il timo
thyme

il basilico
basil

l'aneto
dill

il prezzemolo
parsley

la salvia
sage

il rosmarino
rosemary

i cibi imbottigliati • bottled foods

l'olio di noce
walnut oil

l'olio di
semi d'uva
grapeseed oil

il tappo
cork

l'olio di semi
di girasole
sunflower oil

l'olio di
mandorla
almond oil

l'olio di
sesamo
sesame
oil

l'olio di noccioline
hazelnut oil

l'olio d'oliva
olive oil

le erbe
aromatiche
herbs

l'olio
aromatizzato
flavored oil

gli oli
oils

le confetture • sweet spreads

il barattolo
jar

il favo
honeycomb

il miele
cristallizzato
raw honey

il lemon curd
lemon curd

la marmellata
di lamponi
raspberry jam

la marmellata
di agrumi
marmalade

il miele chiaro
clear honey

lo sciroppo
d'acero
maple syrup

le salse e i condimenti
sauces and condiments

l'aceto
di sidro
cider vinegar

l'aceto
balsamico
balsamic
vinegar

la bottiglia
bottle

la maionese
mayonnaise

il chutney
chutney

l'aceto di malto
malt vinegar

l'aceto di vino
wine vinegar

l'aceto
vinegar

il ketchup
ketchup

la salsa
sauce

la senape
English mustard

la mostarda
Dijon mustard

la mostarda
con semi
whole-grain
mustard

il barattolo a
chiusura ermetica
canning jar

il burro di
arachidi
peanut butter

la cioccolata
spalmabile
chocolate spread

la conserva di
frutta
preserved fruit

vocabolario • vocabulary

l'olio vegetale
vegetable oil

l'olio di colza
canola oil

l'olio di mais
corn oil

l'olio spremuto
a freddo
cold-pressed oil

l'olio di
arachide
peanut oil

la salsa di soia
soy sauce

i latticini • dairy products

il formaggio • cheese

il formaggio
grattugiato
grated cheese

il formaggio
semiduro
semi-hard cheese

la crosta
rind

il formaggio duro
hard cheese

il formaggio
semimorbido
semi-soft cheese

il formaggio
molle fresco
cottage cheese

il formaggio
cremoso
cream cheese

il formaggio
erborinato
blue cheese

il formaggio morbido
soft cheese

il formaggio fresco | fresh cheese

il latte • milk

il latte parzialmente
scremato
reduced-fat milk

il latte intero
whole milk

il latte
scremato
skim milk

il cartone
di latte
milk carton

il latte di
capra
goat's milk

il latte
condensato
condensed milk

il latte di mucca | cow's milk

il burro
butter

la margarina
margarine

la panna
cream

la panna liquida
half-and-half

la panna densa
heavy cream

**la panna
montata**
whipped cream

la panna acida
sour cream

lo yogurt
yogurt

il gelato
ice cream

le uova • eggs

il tuorlo
egg yolk

la chiara
egg white

il guscio
shell

**il porta
uovo**
eggcup

l'uovo alla coque | soft-boiled egg

l'uovo di gallina
hen's egg

l'uovo di anatra
duck egg

l'uovo d'oca
goose egg

l'uovo di quaglia
quail egg

vocabolario • vocabulary

pastorizzato pasteurized	**senza grassi** fat-free	**salato** *m* **salata** *f* salted	**il latte fermentato** buttermilk	**il latte d'avena** oat milk	**il frullato** milk shake
non pastorizzato unpasteurized	**il latte in polvere** powdered milk	**senza sale** unsalted	**il lattosio** lactose	**il latte di mandorla** almond milk	**lo yogurt gelato** frozen yogurt

il pane e le farine • breads and flours

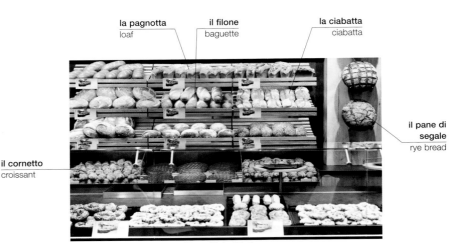

la pagnotta
loaf

il filone
baguette

la ciabatta
ciabatta

il pane di
segale
rye bread

il cornetto
croissant

il panificio | bakery

fare il pane • making bread

la farina bianca
white flour

la farina di segale
brown flour

la farina integrale
whole-wheat flour

il lievito
yeast

setacciare | sift (v)

la pasta
dough

mescolare | mix (v)

impastare | knead (v)

cuocere al forno | bake (v)

la crosta
crust

il pane bianco
white bread

la pagnotta
loaf

il pane nero
brown bread

il pane integrale
whole-wheat bread

la fetta
slice

il pane ai cereali
multigrain bread

il pane di mais
corn bread

il soda bread
soda bread

il pane di lievitato naturalmente
sourdough bread

la schiacciata
flat bread

il bagel
bagel

la pagnotella
bun

il panino
roll

il pane alla frutta
fruit bread

il pane con semi
seeded bread

il naan
naan bread

la pita
pita bread

i crackers
crispbread

vocabolario • vocabulary

la farina autolievitante self-rising flour	**la farina semplice** all-purpose flour	**lievitare** prove (v)	**il pangrattato** breadcrumbs	**l'affettatrice** slicer
la farina per il pane bread flour	**lievitare** rise (v)	**senza glutine** gluten-free	**il filoncino** flute	**il panettiere** *m* **la panettiera** *f* baker

i dolci e i dessert • cakes and desserts

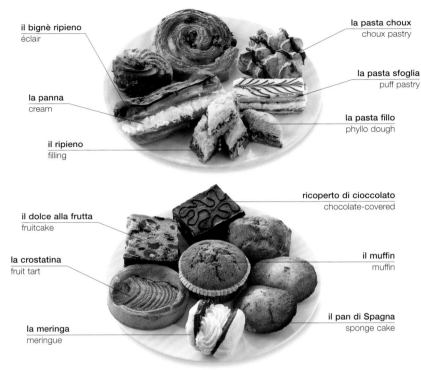

il bignè ripieno
éclair

la panna
cream

il ripieno
filling

la pasta choux
choux pastry

la pasta sfoglia
puff pastry

la pasta fillo
phyllo dough

il dolce alla frutta
fruitcake

la crostatina
fruit tart

la meringa
meringue

ricoperto di cioccolato
chocolate-covered

il muffin
muffin

il pan di Spagna
sponge cake

i dolci | cakes

vocabolario • vocabulary

la crema pasticcera crème pâtissière	**la pastina** bun	**la pasta** pastry	**il budino di riso** rice pudding	**Posso avere una fetta?** May I have a slice, please?
la torta al cioccolato chocolate cake	**la crema** custard	**la fetta** slice	**la festa** celebration	

il biscotto con scaglie
di cioccolato
chocolate chip

i savoiardi
ladyfinger

il biscotto
alle noci
Florentine

la zuppa inglese
trifle

i biscotti | cookies

la mousse
mousse

il sorbetto
sherbet

la torta alla crema
cream pie

il crème caramel
crème caramel

le torte per celebrazioni • celebration cakes

il piano superiore
top tier

il nastro
ribbon

il piano
inferiore
bottom tier

la glassa
frosting

il
marzapane
marzipan

la torta nuziale | wedding cake

la
decorazione
decoration

le candeline
birthday candles

soffiare
blow out (v)

la torta di compleanno | birthday cake

la salumeria • delicatessen

la salsiccia
piccante
spicy sausage

lo sformato
quiche

l'aceto
vinegar

l'olio
oil

la carne cruda
uncooked meat

il banco
counter

il salame
salami

il salame piccante
pepperoni

il pâté
pâté

la mozzarella
mozzarella

il brie
Brie

il formaggio di capra
goat cheese

il cheddar
cheddar

il parmigiano
Parmesan

il camembert
Camembert

la scorza
rind

l'edam
Edam

il manchego
Manchego

i pasticci di carne
meat pies

l'oliva nera
black olive

il peperoncino
chili pepper

la salsa
sauce

il panino
bread roll

la carne cotta
cooked meat

il prosciutto
ham

l'oliva verde
green olive

la paninoteca
sandwich counter

il pesce affumicato
smoked fish

i capperi
capers

vocabolario • vocabulary

sott'olio in oil	**marinato** *m* **marinata** *f* marinated	**affumicato** *m* **affumicata** *f* smoked
in salamoia in brine	**salato** *m* **salata** *f* salted	**essiccato** *m* **essiccata** *f* cured

Prenda un numero, per favore.
Take a number, please.

**Posso assaggiare un po' di quello,
per favore?**
Can I try some of that, please?

Mi dà sei fette di quello, per favore?
May I have six slices of that, please?

il prosciutto crudo
prosciutto

il chorizo
chorizo

le olive ripiene
stuffed olive

le bevande • drinks

l'acqua • water

l'acqua in bottiglia
bottled water

frizzante
sparkling

naturale
still

l'acqua minerale
mineral water

l'acqua dal rubinetto
tap water

l'acqua tonica
tonic water

la soda
soda water

le bevande calde
hot drinks

la bustina di tè
teabag

il tè sfuso
loose-leaf tea

il tè
tea

i chicchi
beans

il caffè
macinato
ground coffee

il caffè
coffee

la cioccolata
calda
hot chocolate

la bevanda
al malto
malted milk

le bibite • soft drinks

la cannuccia
straw

il succo di
pomodoro
tomato juice

il succo di frutta
fruit juice

la limonata
lemonade

l'aranciata
orangeade

la coca
cola

le bevande alcoliche • alcoholic drinks

il gin
gin

la lattina
can

la birra
beer

il sidro
hard cider

la birra amara
amber ale

la birra scura
stout

la vodka
vodka

il whisky
whiskey

il rum
rum

il brandy
brandy

il porto
port

secco
dry

lo sherry
sherry

il sakè
sake

rosé
rosé

il vino
wine

bianco
white

rosso
red

il liquore
liqueur

la tequila
tequila

lo champagne
champagne

mangiare fuori
eating out

il caffè • café

il menù
menu

la tenda
awning

l'ombrellone
umbrella

il bar con terrazza
patio café

la macchina
del caffè
coffee machine

il tavolo
table

il bar all'aperto | sidewalk café

lo snack bar | snack bar

---

il caffè • coffee

il caffè
macchiato
coffee with milk

il caffè nero
black coffee

la polvere
di cacao
cocoa powder

la schiuma
froth

il caffè filtrato
filter coffee

l'espresso
espresso

il cappuccino
cappuccino

il caffè freddo
iced coffee

il tè • tea

il tè alle erbe
herbal tea

la camomilla
chamomile tea

il tè verde
green tea

il tè con latte
tea with milk

il tè nero
black tea

il tè al limone
tea with lemon

il tè alla menta
mint tea

il tè freddo
iced tea

le spremute e i frappé • juices and milkshakes

il frappé al cioccolato
chocolate milkshake

il frappé
alle fragole
strawberry
milkshake

il frappé al caffè
coffee milkshake

il succo
d'arancia
orange juice

il succo
di mela
apple juice

il succo
d'ananas
pineapple juice

il succo di
pomodoro
tomato juice

il cibo • food

il pane integrale
whole-wheat bread

la pallina
scoop

il toast
toasted sandwich

l'insalata
salad

il gelato
ice cream

la pasta
pastry

il bar • bar

la macchina
da caffè
coffee machine

lo spillatore
di birra
beer tap

il barista *m*
la barista *f*
bartender

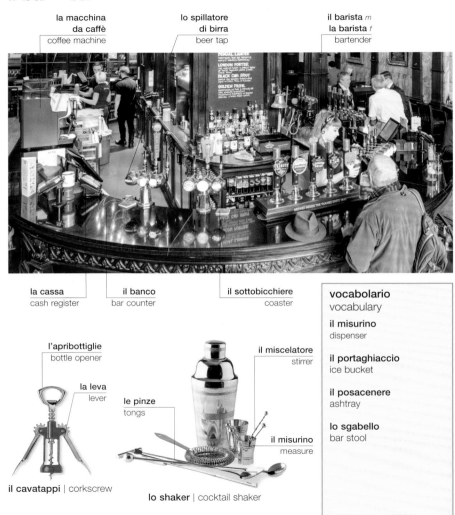

la cassa
cash register

il banco
bar counter

il sottobicchiere
coaster

l'apribottiglie
bottle opener

la leva
lever

le pinze
tongs

il miscelatore
stirrer

il misurino
measure

il cavatappi | corkscrew

lo shaker | cocktail shaker

vocabolario
vocabulary

il misurino
dispenser

il portaghiaccio
ice bucket

il posacenere
ashtray

lo sgabello
bar stool

la brocca
pitcher

**il cubetto
di ghiaccio**
ice cube

il gin tonic
gin and tonic

il whisky con acqua
scotch and water

il cuba libre
rum and cola

la vodka all'arancia
screwdriver

il martini
martini

il cocktail
cocktail

il vino
wine

la birra | beer

doppio
double

singolo
single

ghiaccio e limone
ice and lemon

lo shot
shot

la misura
measure

liscio
without ice

con ghiaccio
with ice

gli stuzzichini • bar snacks

gli anacardi
cashews

le arachidi
peanuts

le mandorle
almonds

le patatine | potato chips

la frutta secca | nuts

le olive | olives

il ristorante • restaurant

il coperto
table setting

l'aiuto cuoco *m*
l'aiuto cuoca *f*
sous chef

lo chef *m* / la chef *f*
chef

il bicchiere
glass

il vassoio
tray

la cucina
kitchen

il cameriere *m* / la cameriera *f*
server

vocabolario • vocabulary

la lista dei vini wine list	**il buffet** buffet	**il prezzo** price	**la mancia** tip	**il bar** bar	**la specialitá** specials
il menù del pranzo lunch menu	**à la carte** à la carte	**il conto** check	**servizio compreso** service charge not included	**il sale** salt	**il cliente** *m* **la cliente** *f* customer
il menù della cena dinner menu	**il carrello dei dolci** dessert cart	**la ricevuta** receipt	**servizio non compreso** service charge included	**il pepe** pepper	

il menù
menu

il menù per bambini
child's meal

ordinare
order (v)

pagare
pay (v)

le portate • courses

l'aperitivo
apéritif

l'antipasto
appetizer

la minestra
soup

il piatto principale
entrée

il contorno
side dish

il dessert | dessert

il caffè | coffee

---

vocabolario • vocabulary

Un tavolo per due, per favore.
A table for two, please.

Posso vedere il menú / la lista dei vini, per favore?
Can I see the menu / wine list, please?

C'è un menù a prezzo fisso?
Is there a fixed-price menu?

Avete dei piatti vegetariani?
Do you have any vegetarian dishes?

Posso avere il conto / la ricevuta per favore?
Could I have the check / a receipt, please?

Possiamo pagare separatamente?
Can we pay separately?

Dove sono i bagni, per favore?
Where is the restroom, please?

---

il fast food • fast food

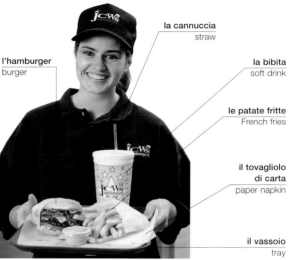

la cannuccia
straw

l'hamburger
burger

la bibita
soft drink

le patate fritte
French fries

il tovagliolo
di carta
paper napkin

il vassoio
tray

l'hamburger con patatine fritte
burger meal

la bibita in lattina
canned drink

il listino
price list

la consegna a domicilio
home delivery

il venditore ambulante
street vendor

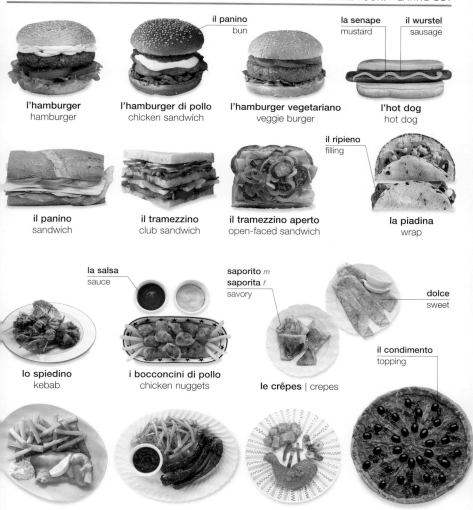

l'hamburger
hamburger

l'hamburger di pollo
chicken sandwich

il panino
bun

l'hamburger vegetariano
veggie burger

la senape
mustard

il wurstel
sausage

l'hot dog
hot dog

il panino
sandwich

il tramezzino
club sandwich

il ripieno
filling

il tramezzino aperto
open-faced sandwich

la piadina
wrap

la salsa
sauce

lo spiedino
kebab

i bocconcini di pollo
chicken nuggets

saporito *m*
saporita *f*
savory

dolce
sweet

le crêpes | crepes

il condimento
topping

il pesce con patatine
fish and chips

le costolette
ribs

il pollo fritto
fried chicken

la pizza
pizza

la colazione • breakfast

il latte
milk

i cereali
cereal

la marmellata
jam

la frutta secca
dried fruit

il prosciutto
ham

il formaggio
cheese

la fetta biscottata
crispbread

il buffet della colazione
breakfast buffet

la marmellata di agrumi
marmalade

il pâté
pâté

il burro
butter

il succo di frutta
fruit juice

il caffè
coffee

la cioccolata calda
hot chocolate

il cornetto
croissant

il tè
tea

il tavolo della colazione | breakfast table

le bevande | drinks

la brioche
brioche

il pane
bread

il pomodoro
tomato

il sanguinaccio
black pudding

il pane
tostato
toast

la salsiccia
sausage

l'uovo fritto
fried egg

la pancetta
bacon

la colazione all'inglese
English breakfast

le aringhe affumicate
kippers

il pane fritto all'uovo
French toast

il tuorlo
egg yolk

la chiara
egg white

l'uovo alla coque
soft-boiled egg

le uova strapazzate
scrambled eggs

la panna
whipped
cream

lo yogurt alla frutta
fruit yogurt

le crêpes
crepes

i waffle
waffles

il porridge
oatmeal

la frutta fresca
fresh fruit

la cena • dinner

la minestra | soup

il brodo | broth

lo stufato | stew

il curry | curry

l'arrosto
roast

il pasticcio
pie

il soufflé
soufflé

lo spiedino
kebab

i taglierini
noodles

le bacchette
chopsticks

le polpette
meatballs

la frittata
omelet

la frittura | stir-fry

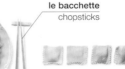

la pasta | pasta

il riso
rice

l'insalata mista
tossed salad

l'insalata verde
green salad

il condimento
dressing

i metodi • techniques

arcito m / **farcita** f | stuffed

al sugo | in sauce

alla griglia | grilled

marinato m
marinata f | marinated

in camicia
poached

schiacciato m
schiacciata f | mashed

cotto al forno m
cotta al forno f
baked

fritto in padella
pan-fried

fritto m / **fritta** f
fried

sottaceto
pickled

affumicato m / **affumicata** f
smoked

fritto m / **fritta** f
deep-fried

allo sciroppo
in syrup

condito m / **condita** f
dressed

al vapore
steamed

essiccato m / **essiccata** f
cured

lo studio
study

la scuola • school

la lavagna bianca
whiteboard

l'insegnante *m/f*
teacher

lo zaino
di scuola
school
backpack

il banco
desk

l'aula | classroom

l'alunno *m* / l'alunna *f*
student

vocabolario • vocabulary

la storia history	l'arte art	la fisica physics
la letteratura literature	la musica music	la chimica chemistry
le lingue languages	la matematica math	la biologia biology
la geografia geography	le scienze naturali science	l'educazione fisica physical education

le attività • activities

leggere | read (v)

scrivere | write (v)

sillabare
spell (v)

disegnare
draw (v)

la punta | nib

il proiettore digitale
digital projector

la penna
pen

il pastello
colored pencil

il temperamatite
pencil sharpener

la matita
pencil

la gomma
eraser

il quaderno
notebook

il libro di testo | textbook

l'astuccio
pencil case

il righello
ruler

domandare
question (v)

rispondere
answer (v)

discutere
discuss (v)

imparare
learn (v)

vocabolario • vocabulary

il preside *m*	**la domanda**	**il voto**
la preside *f*	question	grade
principal		
	la risposta	**la classe**
la lezione	answer	year
lesson		
	il tema	**il dizionario**
prendere	essay	dictionary
appunti		
take notes (v)	**l'esame**	**l'enciclopedia**
	test	encyclopedia
i compiti		
homework		

la matematica • math

le forme • shapes

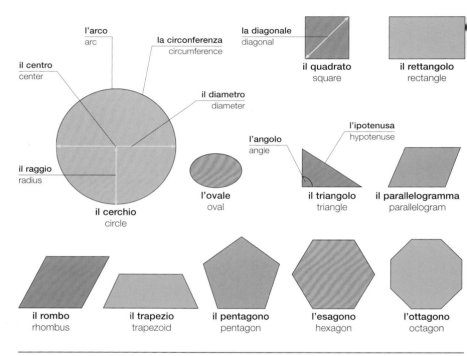

la diagonale
diagonal

il quadrato
square

il rettangolo
rectangle

l'arco
arc

la circonferenza
circumference

il centro
center

il diametro
diameter

l'ipotenusa
hypotenuse

l'angolo
angle

il raggio
radius

il triangolo
triangle

il parallelogramma
parallelogram

il cerchio
circle

l'ovale
oval

il rombo
rhombus

il trapezio
trapezoid

il pentagono
pentagon

l'esagono
hexagon

l'ottagono
octagon

i solidi • solids

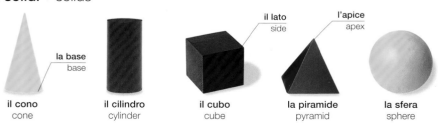

il lato
side

l'apice
apex

la base
base

il cono
cone

il cilindro
cylinder

il cubo
cube

la piramide
pyramid

la sfera
sphere

le linee • lines

dritto
straight

parallelo
parallel

perpendicolare
perpendicular

curvo
curved

le misure • measurements

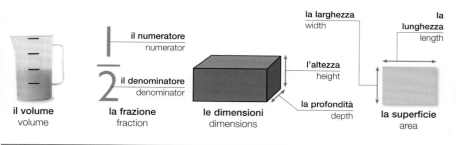

il volume
volume

il numeratore
numerator

il denominatore
denominator

la frazione
fraction

le dimensioni
dimensions

la larghezza
width

la lunghezza
length

l'altezza
height

la profondità
depth

la superficie
area

l'attrezzatura • equipment

la squadra
triangle

il goniometro
protractor

il righello
ruler

il compasso
compass

la calcolatrice
calculator

---

vocabolario • vocabulary

la geometria geometry	**più** plus	**contare** count (v)	**uguale** equals	**sommare** add (v)	**moltiplicare** multiply (v)	**l'equazione** equation
l'aritmetica arithmetic	**meno** minus	**diviso per** divided by	**moltiplicato per** times	**sottrarre** subtract (v)	**dividere** divide (v)	**la percentuale** percentage

---

le scienze naturali • science

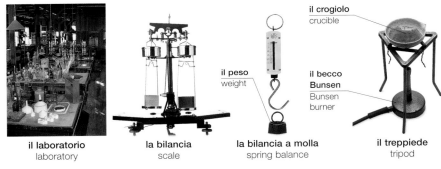

il laboratorio
laboratory

la bilancia
scale

il peso
weight

la bilancia a molla
spring balance

il crogiolo
crucible

il becco
Bunsen
Bunsen
burner

il treppiede
tripod

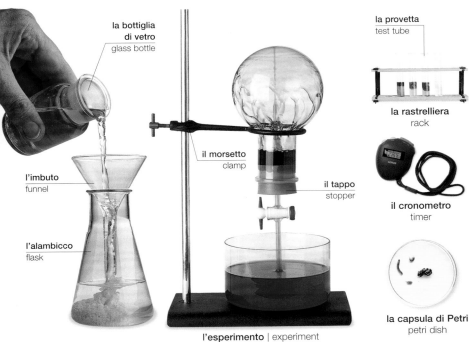

la bottiglia
di vetro
glass bottle

la provetta
test tube

la rastrelliera
rack

il morsetto
clamp

l'imbuto
funnel

il tappo
stopper

il cronometro
timer

l'alambicco
flask

la capsula di Petri
petri dish

l'esperimento | experiment

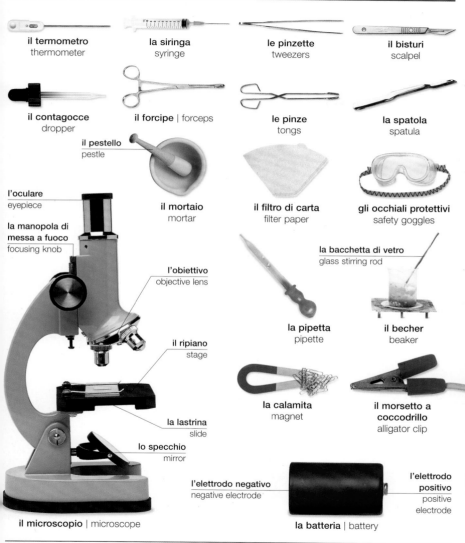

il termometro
thermometer

la siringa
syringe

le pinzette
tweezers

il bisturi
scalpel

il contagocce
dropper

il forcipe | forceps

le pinze
tongs

la spatola
spatula

il pestello
pestle

il mortaio
mortar

il filtro di carta
filter paper

gli occhiali protettivi
safety goggles

l'oculare
eyepiece

**la manopola di
messa a fuoco**
focusing knob

l'obiettivo
objective lens

il ripiano
stage

la lastrina
slide

lo specchio
mirror

la bacchetta di vetro
glass stirring rod

la pipetta
pipette

il becher
beaker

la calamita
magnet

**il morsetto a
coccodrillo**
alligator clip

il microscopio | microscope

l'elettrodo negativo
negative electrode

**l'elettrodo
positivo**
positive
electrode

la batteria | battery

l'università • college

il campo sportivo
playing field

il refettorio
cafeteria

l'ambulatorio
health center

la casa dello studente
residence hall

l'ufficio iscrizioni
admissions office

il campus | campus

il bibliotecario *m*
la bibliotecaria *f*
librarian

il banco prestiti
circulation desk

lo scaffale
bookshelf

il periodico
periodical

la rivista
journal

la biblioteca | library

vocabolario • vocabulary

il tesserino library card	**il prestito** loan	**il libro** book
la corsia aisle	**rinnovare** renew (v)	**il titolo** title
la lista dei libri reading list	**prendere in prestito** borrow (v)	**la sala di lettura** reading room
il banco informazioni help desk	**prenotare** reserve (v)	**la data di restituzione** due date

il professore *m*
la professoressa *f*
professor

lo studente universitario *m*
la studentessa universitaria *f*
undergraduate

il laureato *m*
la laureata *f*
graduate

la toga
gown

l'aula
lecture hall

la consegna delle lauree
graduation ceremony

le scuole • schools

il modello *m*
la modella *f*
model

la scuola d'arte
art school

il conservatorio
music school

l'accademia di danza
dance school

---

vocabolario • vocabulary

la borsa di studio scholarship	**la ricerca** research	**la dissertazione** dissertation	**la medicina** medicine	**l'economia** economics
il diploma diploma	**il master** master's	**il dipartimento** department	**la zoologia** zoology	**la politologia** political science
la laurea degree	**il dottorato** doctorate	**il diritto** law	**la fisica** physics	**la letteratura** literature
lo studente della laurea magistrale *m* **la studentessa della laurea magistrale** *f* postgraduate	**la tesi** thesis	**l'ingegneria** engineering	**la filosofia** philosophy	**la storia dell'arte** art history

---

il lavoro
work

l'ufficio • office (1)

il monitor
monitor

il portapenne
desktop organizer

il blocco
notebook

il laptop
laptop

il vassoio
in partenza
out-tray

il vassoio
in arrivo
in-tray

il cassetto
drawer

la scrivania
desk

la sedia
girevole
swivel chair

il cestino
wastebasket

lo schedario
filing cabinet

l'apparecchiature da ufficio
office equipment

il vassoio per la carta
paper tray

la stampante | printer

il distruggidocumenti shredder

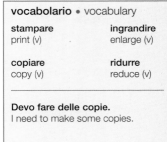

vocabolario • vocabulary

stampare
print (v)

ingrandire
enlarge (v)

copiare
copy (v)

ridurre
reduce (v)

Devo fare delle copie.
I need to make some copies.

gli articoli di cancelleria • office supplies

**il biglietto di
accompagnamento**
compliments slip

la carta intestata
letterhead

la busta
envelope

**la scatola
d'archivio**
box file

**il portablocco
con fermaglio**
clipboard

**il blocco
per appunti**
notepad

l'etichetta
tab

**la cartella
sospesa**
hanging file

il divisore
divider

**il portacarte a
fisarmonica**
expanding file

**il raccoglitore
a leva**
binder

i punti
staples

il nastro adesivo
tape

**il tampone
di inchiostro**
ink pad

l'agenda
personal organizer

la cucitrice
stapler

il dispenser
tape dispenser

il perforatore
hole punch

**il timbro
di gomma**
rubber stamp

l'elastico
rubber band

il fermafogli
bulldog clip

la graffetta
paper clip

la puntina
thumbtack

la bacheca | bulletin board

l'ufficio • office (2)

la lavagna a fogli mobili
flip chart

il verbale
minutes

il cavalletto
easel

la relazione
report

la proposta
proposal

il direttore *m*
la direttrice *f*
manager

il dirigente *m*
la dirigente *f*
executive

la riunione | meeting

---

vocabolario • vocabulary

la sala da riunioni
meeting room

partecipare
attend (v)

l'ordine del giorno
agenda

presiedere
chair (v)

A che ora è la riunione?
What time is the meeting?

Qual è il vostro orario di lavoro?
What are your office hours?

l'oratore *m*
l'oratrice *f*
speaker

la presentazione | presentation

---

gli affari • business

il pranzo di lavoro
business lunch

l'uomo d'affari
businessman /
businessperson

la donna d'affari
businesswoman /
businessperson

il viaggio d'affari
business trip

l'appuntamento
appointment

il cliente *m*
la cliente *f*
client

il calendario digitale | digital calendar

l'amministratore
delegato *m*
l'amministratrice
delegata *f*
CEO

l'accordo di affari
business deal

---

vocabolario • vocabulary

la ditta company	**il personale** staff	**l'ufficio contabilità** accounting department	**l'ufficio legale** legal department
la sede centrale head office	**il libro paga** payroll	**l'ufficio marketing** marketing department	**l'ufficio di assistenza clienti** customer service department
la succursale regional office	**lo stipendio** salary	**l'ufficio vendite** sales department	**l'ufficio del personale** human resources department

---

il **computer** • computer

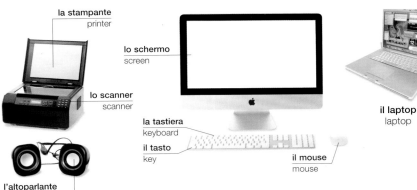

la stampante
printer

lo schermo
screen

lo scanner
scanner

il laptop
laptop

la tastiera
keyboard

il tasto
key

il mouse
mouse

l'altoparlante
speaker

gli auricolari Bluetooth
bluetooth headset

la webcam
webcam

il router
router

la chiavetta USB
memory stick

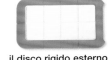

il disco rigido esterno
external hard drive

vocabolario • vocabulary		
la memoria memory	il software software	il server server
la RAM RAM	l'applicazione application	la porta port
i byte bytes	il programma program	il processore processor
il sistema system	la rete network	il cavo di alimentazione power cable
collegare connect (v)	l'hardware hardware	

il pacco batterie
battery pack

lo smartphone
smartphone

il cavo di
ricarica
charging cable

il tablet
tablet

il desktop • desktop

la barra del menu
menu bar

il carattere
font

la barra degli strumenti
toolbar

l'icona
icon

la finestra
window

il file
file

la cartella
folder

il cestino
trash

---

l'i internet • internet

il sito web
website

il browser
browser

navigare
browse (v)

l'e-mail • email

la posta in arrivo
inbox

l'indirizzo e-mail
email address

---

vocabolario • vocabulary

collegarsi log on (v)	**il fornitore di servizi** service provider	**la password** password	**scaricare** download (v)	**spedire** send (v)	**salvare** save (v)
installare install (v)	**in rete** online	**l'archiviazione nel cloud** cloud storage	**l'allegato** attachment	**ricevere** receive (v)	**cercare** search (v)

i mass media • media

lo studio televisivo • television studio

il set
set

il presentatore *m*
la presentatrice *f*
host

la lampada
light

la telecamera
camera

il carrello della
telecamera
camera crane

il cameraman *m*
la cameraman *f*
camera operator

vocabolario • vocabulary

il canale channel	**il documentario** documentary	**la stampa** press	**la telenovela** soap opera	**in differita** prerecorded	**in diretta** live
la programmazione programming	**il telegiornale** news	**le serie televisiva** television series	**il gioco a premi** game show	**il cartone animato** cartoon	**trasmettere** broadcast (v)

l'intervistatore *m*
l'intervistatrice *f*
interviewer

il reporter *m*
la reporter *f*
reporter

il gobbo
teleprompter

**il conduttore del
notiziario** *m* / **la
conduttrice del notiziario** *f*
anchor

gli attori
actors

la giraffa
sound boom

il ciac
clapper board

il set
movie set

la radio • radio

il tecnico del suono *m*
la tecnica del suono *f*
sound technician

**il piano di
mixaggio**
mixing desk

il microfono
microphone

lo studio di registrazione | recording studio

vocabolario • vocabulary	
il canale radiofonico radio station	**analogico** analog
il dj *m* / **la dj** *f* DJ	**digitale** digital
la trasmissione broadcast	**la frequenza** frequency
la lunghezza d'onda wavelength	**il volume** volume
	sintonizzare tune (v)

la legge • law

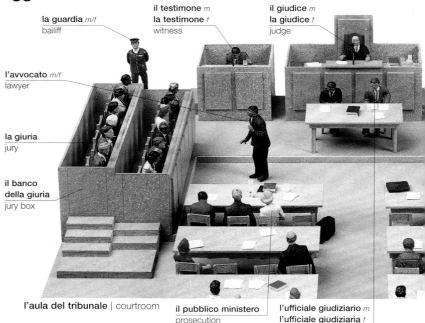

la guardia *m/f*
bailiff

il testimone *m*
la testimone *f*
witness

il giudice *m*
la giudice *f*
judge

l'avvocato *m/f*
lawyer

la giuria
jury

il banco
della giuria
jury box

l'aula del tribunale | courtroom

il pubblico ministero
prosecution

l'ufficiale giudiziario *m*
l'ufficiale giudiziaria *f*
court clerk

---

vocabolario • vocabulary

il cliente *m* la cliente *f* client	la citazione summons	l'ordine writ	il procedimento court case
la consulenza legale legal advice	la dichiarazione statement	l'arringa plea	l'imputazione charge
lo studio dell'avvocato lawyer's office	il mandato warrant	l'imputato *m* l'imputata *f* accused	la data di comparizione court date

---

lo stenografo *m*
la stenografa *f*
stenographer

il sospettato *m*
la sospettata *f*
suspect

il criminale *m*
la criminale *f*
criminal

la difesa *m/f*
defense

l'imputato *m*
l'imputata *f*
defendant

il fotofit
composite sketch

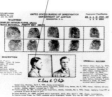
la fedina penale
criminal record

la guardia carceraria *m/f*
prison guard

la cella
cell

il carcere
prison

vocabolario • vocabulary

la prova evidence	**innocente** innocent	**la cauzione** bail	**Voglio vedere un avvocato.** I want to see a lawyer.
il verdetto verdict	**la sentenza** sentence	**il ricorso** appeal	**Dov'è il palazzo di giustizia?** Where is the courthouse?
colpevole guilty	**assolto** *m* **assolta** *f* acquitted	**la libertà condizionale** parole	**Posso versare una cauzione?** Can I post bail?

la fattoria • farm (1)

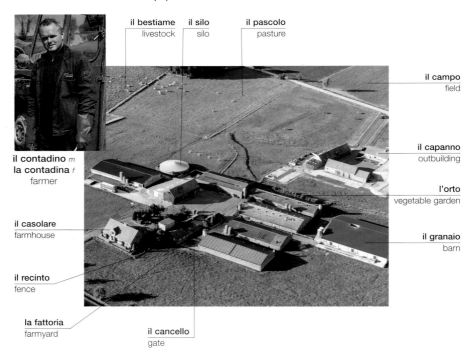

il bestiame
livestock

il silo
silo

il pascolo
pasture

il campo
field

il capanno
outbuilding

l'orto
vegetable garden

il contadino *m*
la contadina *f*
farmer

il casolare
farmhouse

il granaio
barn

il recinto
fence

la fattoria
farmyard

il cancello
gate

il trattore | tractor

la mietitrebbiatrice | combine

i tipi di fattoria • types of farms

il prodotto
dei campi
crop

l'azienda agricola
crop farm

il caseificio
dairy farm

il gregge
flock

l'allevamento
di pecore
sheep farm

l'azienda avicola
poultry farm

l'allevamento di maiali
pig farm

la pescicoltura
fish farm

la frutticoltura
fruit farm

la vigna
vine

il vigneto
vineyard

le attività • actions

il solco
furrow

arare
plow (v)

seminare
sow (v)

mungere
milk (v)

dar da mangiare
feed (v)

irrigare | water (v)

raccogliere | harvest (v)

vocabolario • vocabulary

l'erbicida herbicide	la mandria herd	la mangiatoia trough
il pesticida pesticide	la siepe hedge	piantare plant (v)

la fattoria • farm (2)

le colture • crops

il grano
wheat

il granturco
corn

l'orzo
barley

la colza
rapeseed

il girasole
sunflower

la balla
bale

il fieno
hay

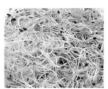
l'alfalfa
alfalfa

il tabacco
tobacco

il riso
rice

il tè
tea

il caffè
coffee

il lino
flax

la canna da zucchero
sugarcane

il cotone
cotton

lo spaventapasseri
scarecrow

il bestiame • livestock

il maialino
piglet

il maiale
pig

il vitello
calf

la mucca
cow

il toro
bull

la pecora
sheep

il capretto
kid

l'agnello
lamb

la capra
goat

il puledro
foal

il cavallo
horse

l'asino
donkey

il pulcino
chick

la gallina
chicken

il gallo
rooster

il tacchino
turkey

l'anatroccolo
duckling

l'anatra
duck

la stalla
stable

il recinto
pen

il pollaio
chicken coop

il porcile
pigsty

l'edilizia • construction

il muro
wall

la trave
beam

l'impalcatura
scaffolding

**la trave
del tetto**
rafter

il pallet
pallet

il cantiere
construction site

la finestra
window

la scala
ladder

la trave
girder

il casco
hard hat

**la cintura
porta attrezzi**
toolbelt

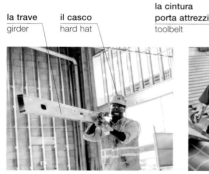

costruire
build (v)

l'operaio edile *m*
l'operaia edile *f*
construction worker

il cemento
cement

la betoniera
cement mixer

i materiali • materials

il mattone
brick

il legno
lumber

la tegola
roof tile

il mattone di cemento
cinder block

gli attrezzi • tools

la malta
mortar

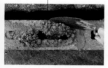
la cazzuola
trowel

la livella
level

il manico
handle

la mazza
sledgehammer

il piccone
pickax

la pala
shovel

i macchinari
machinery

il rullo compressore
road roller

il camion con cassone ribaltabile
dump truck

il supporto
support

il gancio
hook

la gru | crane

i lavori stradali • roadwork

il martello pneumatico
jackhammer

l'asfalto
asphalt

il birillo
cone

la riasfaltatura
resurfacing

l'escavatrice meccanica
excavator

i mestieri • occupations (1)

il falegname *m*
la falegname *f*
carpenter

l'elettricista *m/f*
electrician

l'idraulico *m*
l'idraulica *f*
plumber

l'operaio edile *m*
l'operaia edile *f*
construction worker

il meccanico *m*
la meccanica *f*
mechanic

il macellaio *m*
la macellaia *f*
butcher

il pescatore *m*
la pescatrice *f*
fisherman

il fiorista *m*
la fiorista *f*
florist

il gioielliere *m*
la gioielliera *f*
jeweler

il giardiniere *m*
la giardiniera *f*
gardener

il parrucchiere *m*
la parrucchiera *f*
hairdresser

il barbiere *m/f*
barber

il commesso *m*
la commessa *f*
salesperson

l'istruttore di guida *m*
l'istruttrice di guida *f*
driving instructor

l'aspirapolvere
vacuum cleaner

l'addetto alle pulizie *m*
l'addetta alle pulizie *f*
cleaner

il geometra *m*
la geometra *f*
surveyor

il farmacista m
la farmacista f
pharmacist

l'ottico m
l'ottica f
optometrist

la mascherina
mask

il dentista m
la dentista f
dentist

il medico m
la medica f
doctor

l'infermiere m
l'infermiera f
nurse

il veterinario m
la veterinaria f
veterinarian

il fisioterapista m
la fisioterapista f
physical therapist

il vigile del fuoco m
la vigile del fuoco f
firefighter

il soldato m
la soldatessa f
soldier

la divisa
uniform

il poliziotto m
la poliziotta f
police officer

il distintivo
badge

l'addetto alla sicurezza m
l'addetta alla sicurezza f
security guard

il marinaio m
la marinaia f
sailor

vocabolario • vocabulary

**il direttore
di marketing** m
**la direttrice
di marketing** f
marketing executive

**il direttore della
pubbliche relazioni
(PR)** m
**la direttrice delle
pubbliche relazioni
(PR)** f
public relations (PR)
executive

il web designer m
la web designer f
web designer

l'interprete m/f
interpreter

**lo sviluppatore
di app** m
**la sviluppatrice
di app** f
app developer

l'imprenditore m
l'imprenditrice f
entrepreneur

**l'assistente
personale** (m/f)
personal assistant
(PA)

i mestieri • occupations (2)

l'avvocato m
l'avvocata f
lawyer

il commercialista m
la commercialista f
accountant

il modello
model

l'architetto m
l'architetta f
architect

l'analista di dati m/f
data analyst

lo scienziato m
la scienziata f
scientist

l'insegnante m/f
teacher

l'agente immobiliare m/f
real estate agent

l'addetto alla reception
l'addetta alla ricezione
receptionist

la borsa
mailbag

il postino m
la postina f
mail carrier

l'autista di autobus m/f
bus driver

il camionista m
la camionista f
truck driver

il tassista m
la tassista f
taxi driver

il pilota m / **la pilota** f
pilot

lo steward m
l'hostess f
flight attendant

l'agente di viaggio m/f
travel agent

il cappello
da cuoco
chef's hat

lo chef m
la chef f
chef

il musicista m
la musicista f
musician

il tutù
tutu

il ballerino m
la ballerina f
dancer

l'attore m
l'attrice f
actor

il cantante m
la cantante f
singer

il cameriere m
la cameriera f
server

il barista m
la barista f
bartender

il personal trainer m
la personal trainer f
personal trainer

lo scultore
la scultrice
sculptor

l'artista m/f
painter

il fotografo m
la fotografa f
photographer

il conduttore del notiziario m
la conduttrice del notiziario f
anchor

gli appunti
notes

il giornalista m
la giornalista f
journalist

l'editore m
l'editrice f
editor

il disegnatore m
la disegnatrice f
designer

il costumista m
la costumista f
dressmaker

il sarto m
la sarta f
tailor

i trasporti
transportation

le strade • roads

il sottopassaggio
underpass

il cavalcavia
overpass

la segnaletica orizzontale
road markings

la rampa di uscita
off-ramp

lo spartitraffico
median strip

il traffico
traffic

la corsia centrale
middle lane

la corsia interna
driving lane

la rampa di accesso
on-ramp

la corsia d'emergenza
shoulder

l'autostrada
freeway

la corsia di sorpasso
passing lane

il semaforo
traffic light

il passaggio pedonale
crosswalk

l'incrocio
interchange

**il telefono
per emergenze**
emergency phone

**il parcheggio
per disabili**
disabled parking

il camion
truck

l'ingorgo
traffic jam

il parchimetro
parking meter

il vigile urbano *m*
la vigilessa urbana *f*
traffic police officer

vocabolario • vocabulary

la rotatoria roundabout	**sorpassare** pass (v)	**la carreggiata doppia** divided highway
la deviazione detour	**parcheggiare** park (v)	**il casello** tollbooth
il guardrail guardrail	**rimorchiare** tow away (v)	
la strada a senso unico one-way street	**fare marcia indietro** reverse (v)	**È questa la strada per... ?** Is this the road to... ?
guidare drive (v)	**i lavori stradali** roadwork	**Dove posso parcheggiare?** Where can I park?

i cartelli stradali • road signs

**divieto di
accesso**
do not enter

**il limite di
velocità**
speed limit

pericolo
hazard

sosta vietata
no stopping

**svolta a destra
vietata**
no right turn

l'autobus • bus

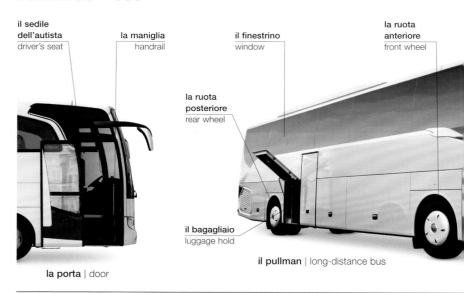

il sedile
dell'autista
driver's seat

la maniglia
handrail

il finestrino
window

la ruota
anteriore
front wheel

la ruota
posteriore
rear wheel

il bagagliaio
luggage hold

il pullman | long-distance bus

la porta | door

i tipi di autobus • types of buses

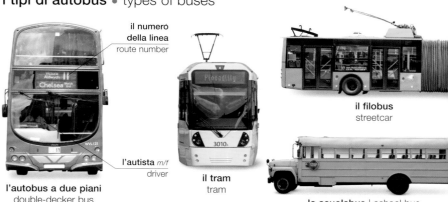

il numero
della linea
route number

l'autista *m/f*
driver

l'autobus a due piani
double-decker bus

il tram
tram

il filobus
streetcar

lo scuolabus | school bus

la porta automatica
automatic door

**il pulsante
di chiamata**
stop button

il biglietto
bus ticket

il campanello
bell

l'autostazione
bus station

**la fermata
dell'autobus**
bus stop

vocabolario • vocabulary

la tariffa	**la pensilina**
fare	bus shelter
l'orario	**l'accesso per sedie a rotelle**
schedule	wheelchair access

Ferma a… ? | **Qual è l'autobus per… ?**
Do you stop at… ? | Which bus goes to… ?

il pulmino
minibus

il pullman turistico | tour bus

la navetta | shuttle bus

l'automobile • car (1)

l'esterno • exterior

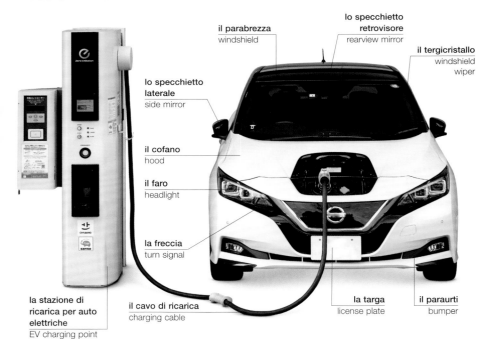

lo specchietto retrovisore
rearview mirror

il parabrezza
windshield

il tergicristallo
windshield wiper

lo specchietto laterale
side mirror

il cofano
hood

il faro
headlight

la freccia
turn signal

la stazione di ricarica per auto elettriche
EV charging point

il cavo di ricarica
charging cable

la targa
license plate

il paraurti
bumper

i bagagli
luggage

il portabagagli
roof rack

il bagagliaio
trunk

la cintura di sicurezza
seat belt

il seggiolino per bambino
car seat

i tipi • types

l'automobile elettrica
electric car

lo sportello
door

l'auto a cinque porte
hatchback

la ruota
wheel

la berlina
sedan

l'auto familiare
station wagon

l'auto decappottabile
convertible

l'auto sportiva
sports car

la monovolume
minivan

il fuoristrada
four-wheel drive

il pneumatico
tire

l'auto d'epoca
vintage

la limousine
limousine

la stazione di servizio
gas station

il prezzo
price

il distributore
di benzina
gas pump

l'area di stazionamento
entryway

vocabolario • vocabulary		
l'olio oil	**con il piombo** leaded	**l'autolavaggio** car wash
la benzina gasoline	**il diesel** diesel	**l'antigelo** antifreeze
senza piombo unleaded	**il garage** garage	**il detergente per vetri** windshield washer fluid

Il pieno per favore.
Fill it up, please.

l'automobile • car (2)

l'interno • interior

il sedile posteriore	il bracciolo	il poggiatesta	la sicura	la maniglia
backseat	armrest	headrest	door lock	handle

---

vocabolario • vocabulary

a due porte	**a quattro porte**	**automatico**	**il freno**	**l'acceleratore**
two-door	four-door	automatic	brake	accelerator

a tre porte	**manuale**	**l'accensione**	**la frizione**	**l'aria condizionata**
hatchback	manual	ignition	clutch	air-conditioning

Può indicarmi la strada per… ?
Can you tell me the way to… ?

Dov'è il parcheggio?
Where is the parking lot?

Posso parcheggiare qui?
Can I park here?

i comandi • controls

il volante
steering
wheel

il clacson
horn

il cruscotto
dashboard

il navigatore
satellitare
GPS

le luci intermittenti
hazard lights

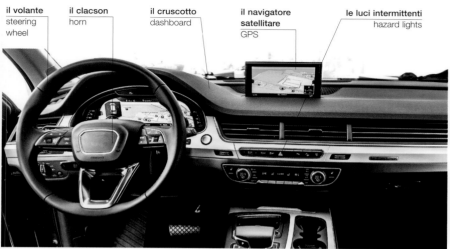

la guida a sinistra | left-hand drive

il contagiri
tachometer

il tachimetro
speedometer

la spia del
carburante
fuel gauge

l'autoradio
car stereo

l'interruttore
per le luci
light switch

la spia della
temperatura
temperature gauge

i comandi per
il riscaldamento
heater controls

il contachilometri
odometer

la leva del cambio
gearshift

l'airbag
air bag

la guida a destra | right-hand drive

l'automobile • car (3)

la meccanica • mechanics

il serbatoio del
liquido lavavetri
washer fluid reservoir

l'indicatore di
livello dell'olio
dipstick

il filtro
dell'aria
air filter

il serbatoio del
liquido per i freni
brake fluid reservoir

la batteria
battery

la
carrozzeria
body

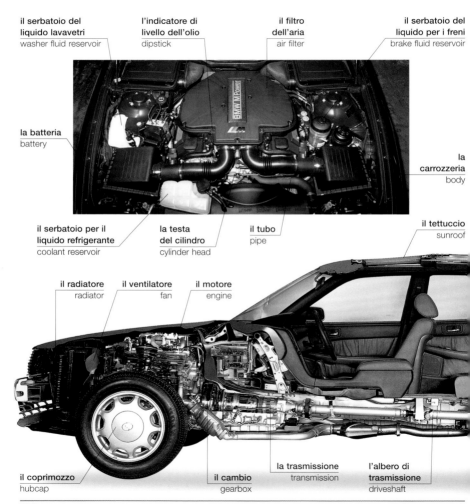

il serbatoio per il
liquido refrigerante
coolant reservoir

la testa
del cilindro
cylinder head

il tubo
pipe

il tettuccio
sunroof

il radiatore
radiator

il ventilatore
fan

il motore
engine

la trasmissione
transmission

l'albero di
trasmissione
driveshaft

il coprimozzo
hubcap

il cambio
gearbox

la foratura • flat tire

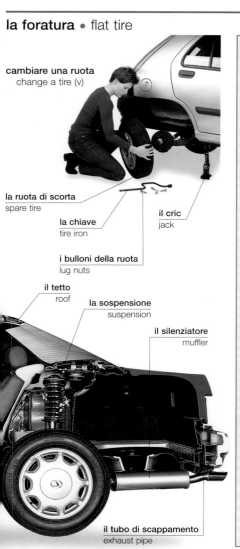

cambiare una ruota
change a tire (v)

la ruota di scorta
spare tire

la chiave
tire iron

il cric
jack

i bulloni della ruota
lug nuts

il tetto
roof

la sospensione
suspension

il silenziatore
muffler

il tubo di scappamento
exhaust pipe

vocabolario • vocabulary

l'incidente stradale
car accident

il guasto
breakdown

l'assicurazione
insurance

il carro attrezzi
tow truck

il meccanico *m*
la meccanica *f*
mechanic

la candela
spark plug

la scatola dei fusibili
fuse box

la pressione dei pneumatici
tire pressure

la cinghia della ventola
fan belt

il serbatoio della benzina
gas tank

il turbocompressore
turbocharger

il distributore
distributor

la messa in fase
timing

il telaio
chassis

il freno a mano
parking brake

l'alternatore
alternator

la cinghia della camma
timing belt

Sono in panne.
My car has broken down.

La mia macchina non parte.
My car won't start.

la motocicletta • motorcycle

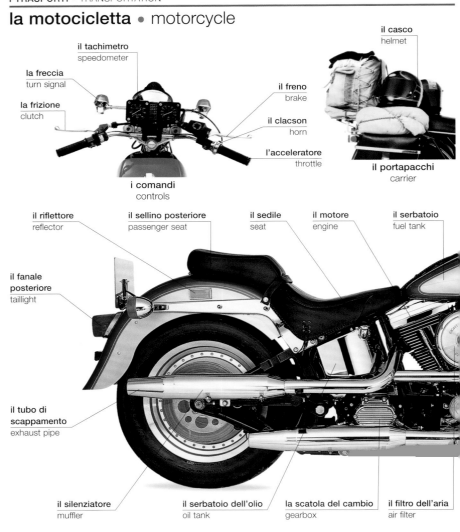

il tachimetro
speedometer

la freccia
turn signal

la frizione
clutch

il freno
brake

il clacson
horn

l'acceleratore
throttle

i comandi
controls

il casco
helmet

il portapacchi
carrier

il riflettore
reflector

il sellino posteriore
passenger seat

il sedile
seat

il motore
engine

il serbatoio
fuel tank

il fanale
posteriore
taillight

il tubo di
scappamento
exhaust pipe

il silenziatore
muffler

il serbatoio dell'olio
oil tank

la scatola del cambio
gearbox

il filtro dell'aria
air filter

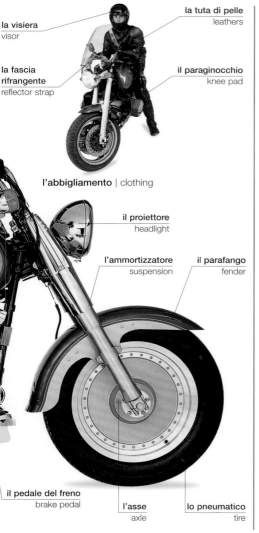

la visiera
visor

**la fascia
rifrangente**
reflector strap

la tuta di pelle
leathers

il paraginocchio
knee pad

l'abbigliamento | clothing

il proiettore
headlight

l'ammortizzatore
suspension

il parafango
fender

il pedale del freno
brake pedal

l'asse
axle

lo pneumatico
tire

i tipi • types

la moto da corsa | racing bike

il parabrezza
windshield

la moto da turismo | tourer

la moto da cross | dirt bike

il cavalletto
stand

il motorino | scooter

la bicicletta • bicycle

il tandem
tandem

la bicicletta da corsa
racing bike

la mountain bike
mountain bike

il sellino
saddle

il tubo reggisella
seat post

la borraccia
water bottle

il telaio
frame

il freno
brake

il mozzo
hub

le marce
gears

il casco
helmet

il cerchione
rim

il pedale
pedal

il cinghiett
toe strap

lo pneumatico
tire

la catena
chain

la ruota
dentata
cog

la bicicletta per disabili
paracycle

la bicicletta pieghevole
folding bike

la pista ciclabile | bike lane

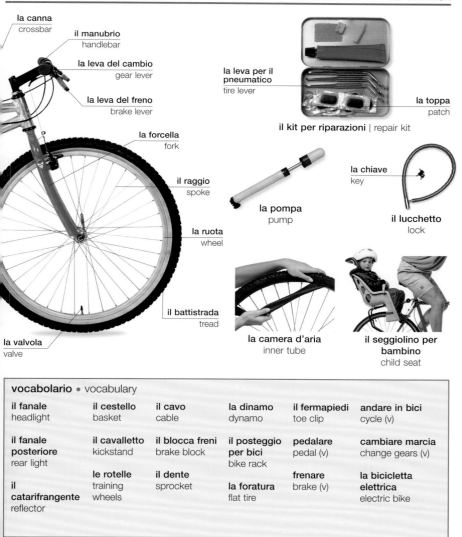

la canna
crossbar

il manubrio
handlebar

la leva del cambio
gear lever

la leva del freno
brake lever

la leva per il
pneumatico
tire lever

la toppa
patch

il kit per riparazioni | repair kit

la forcella
fork

il raggio
spoke

la chiave
key

la pompa
pump

il lucchetto
lock

la ruota
wheel

il battistrada
tread

la camera d'aria
inner tube

il seggiolino per
bambino
child seat

la valvola
valve

vocabolario • vocabulary

il fanale headlight	il cestello basket	il cavo cable	la dinamo dynamo	il fermapiedi toe clip	andare in bici cycle (v)
il fanale posteriore rear light	il cavalletto kickstand	il blocca freni brake block	il posteggio per bici bike rack	pedalare pedal (v)	cambiare marcia change gears (v)
il catarifrangente reflector	le rotelle training wheels	il dente sprocket	la foratura flat tire	frenare brake (v)	la bicicletta elettrica electric bike

il treno • train

il binario
platform

il binario
track

il numero del
binario
platform number

il vagone
railcar

il pendolare *m*
la pendolare *f*
commuter

la stazione ferroviaria | train station

i tipi di treno • types of train

il treno a vapore
steam train

la locomotiva
engine

la cabina del
conducente
engineer's cab

la rotaia
rail

il treno diesel | diesel train

il treno elettrico
electric train

il treno ad alta velocità
high-speed train

la monorotaia
monorail

la metropolitana
subway

il tram
tram

il treno merci
freight train

il portabagagli
luggage rack

il finestrino
window

la porta
door

il sedile
seat

lo scompartimento
compartment

la barriera
ticket gates

l'altoparlante
public address system

l'orario
schedule

il biglietto
ticket

il vagone ristorante | dining car

l'atrio | concourse

la cabina letto
sleeping compartment

vocabolario • vocabulary

la rete ferroviaria railroad network	**il ritardo** delay	**cambiare** transfer (v)	**il binario elettrificato** live rail
il treno intercity express train	**la tariffa** fare	**la biglietteria** ticket office	**il segnale** signal
l'ora di punta rush hour	**la mappa della metropolitana** subway map	**il controllore** m **la controllora** f ticket inspector	**la leva di emergenza** emergency lever

l'aeroplano • aircraft

l'aereo di linea • airliner

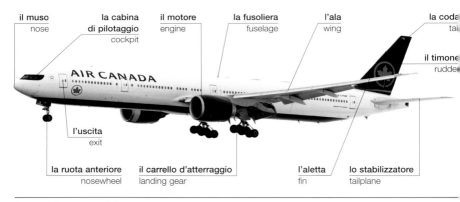

il muso
nose

la cabina
di pilotaggio
cockpit

il motore
engine

la fusoliera
fuselage

l'ala
wing

la coda
tail

il timone
rudder

l'uscita
exit

la ruota anteriore
nosewheel

il carrello d'atterraggio
landing gear

l'aletta
fin

lo stabilizzatore
tailplane

la cabina • cabin

l'assistente
di volo *m/f*
flight attendant

la cappelliera
overhead bin

la ventola
per l'aria
air vent

la luce
di lettura
reading light

il finestrino
window

la fila
row

il sedile
seat

il vassoio
tray table

il corridoio
aisle

il bracciolo
armrest

lo schienale
seat back

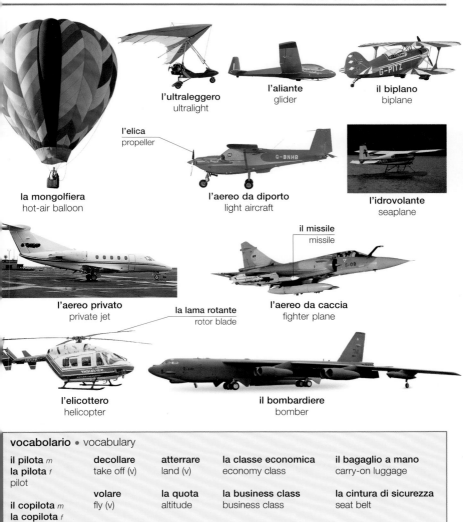

l'ultraleggero
ultralight

l'aliante
glider

il biplano
biplane

l'elica
propeller

la mongolfiera
hot-air balloon

l'aereo da diporto
light aircraft

l'idrovolante
seaplane

il missile
missile

l'aereo privato
private jet

la lama rotante
rotor blade

l'aereo da caccia
fighter plane

l'elicottero
helicopter

il bombardiere
bomber

vocabolario • vocabulary				
il pilota *m* **la pilota** *f* pilot	**decollare** take off (v)	**atterrare** land (v)	**la classe economica** economy class	**il bagaglio a mano** carry-on luggage
il copilota *m* **la copilota** *f* copilot	**volare** fly (v)	**la quota** altitude	**la business class** business class	**la cintura di sicurezza** seat belt

l'aeroporto • airport

l'area di stazionamento
apron

il carrello portabagagli
baggage trailer

il passaggio pedonale
jetway

il veicolo di servizio
service vehicle

l'aereo di linea | airliner

vocabolario • vocabulary

la pista
runway

la coincidenza
connection

il volo nazionale
domestic flight

**il volo
internazionale**
international flight

il numero del volo
flight number

l'immigrazione
immigration

la dogana
customs

**il bagaglio in
eccedenza**
excess baggage

la consegna bagagli
baggage drop

il nastro trasportatore
baggage carousel

la sicurezza
security

l'apparecchio a raggi x
X-ray machine

il terminal
terminal

l'opuscolo vacanze
travel brochure

la vacanza
vacation

prenotare un volo
book a flight (v)

fare il check-in
check in (v)

la torre di controllo
control tower

il bagaglio
a mano
carry-on
luggage

il visto
visa

il passaporto | passport

il carrello
cart

il bagaglio
luggage

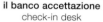

il banco accettazione
check-in desk

il controllo passaporti
passport control

la carta d'imbarco
boarding pass

la sala delle partenze
departure lounge

le partenze
departures

gli arrivi
arrivals

la destinazione
destination

il pannello degli orari
information screen

l'eGate
eGate

il negozio duty free
duty-free shop

il recupero bagagli
baggage claim

il posteggio dei taxi
taxi stand

l'autonoleggio
car rental

la nave • ship

l'antenna della radio
radio antenna

il ponte
deck

il fumaiolo
funnel

il casseretto
quarterdeck

il radar
radar

la prua
prow

la marca di
bordo libero
Plimsoll mark

l'oblò
porthole

lo scafo
hull

la lancia di
salvataggio
lifeboat

la chiglia
keel

l'elica
propeller

la nave da crociera
ocean liner

il ponte di comando
bridge

la sala macchine
engine room

la cabina
cabin

la cucina di bordo
galley

vocabolario • vocabulary

il bacino dock	**il mulinello** windlass
il porto port	**il motoscafo** speedboat
la passerella gangway	**la barca a remi** rowboat
l'ancora anchor	**la canoa** canoe
la colonna d'ormeggio bollard	**il capitano** *m/f* captain

altre imbarcazioni • other boats

il traghetto
ferry

il motore fuoribordo
outboard motor

il gommone
inflatable dinghy

l'aliscafo
hydrofoil

lo yacht
yacht

il catamarano
catamaran

il rimorchiatore
tugboat

l'hovercraft
hovercraft

la nave porta container
container ship

la vela
sail

la barca a vela
sailboat

la stiva
hold

la nave da trasporto
freighter

la petroliera
oil tanker

la portaerei
aircraft carrier

la nave da guerra
battleship

la torretta di
comando
conning tower

il sottomarino
submarine

il porto • port

il carico
cargo

il magazzino
warehouse

la gru
crane

la banchina
quay

l'ufficio della
dogana
customs house

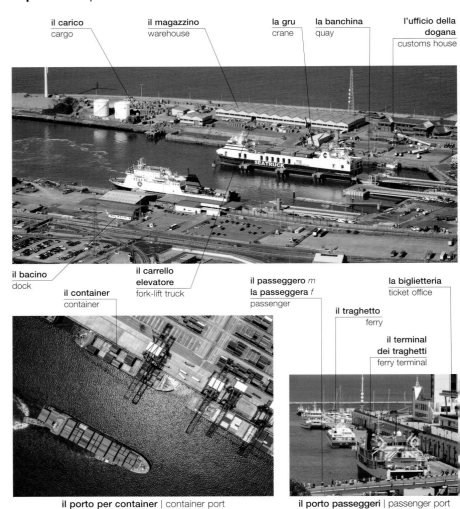

il bacino
dock

il carrello
elevatore
fork-lift truck

il container
container

il passeggero *m*
la passeggera *f*
passenger

la biglietteria
ticket office

il traghetto
ferry

il terminal
dei traghetti
ferry terminal

il porto per container | container port

il porto passeggeri | passenger port

la rete
net

la barca da pesca
fishing boat

l'ormeggio
mooring

il porto turistico
marina

il porto da pesca
fishing port

il porto | harbor

il pontile
pier

il molo
jetty

il cantiere navale
shipyard

la luce
lamp

il faro
lighthouse

la boa
buoy

vocabolario • vocabulary		
la guardia costiera _m/f_ coast guard	ormeggiare moor (v)	sbarcare disembark (v)
il capitano di porto _m/f_ harbor master	approdare dock (v)	salpare set sail (v)
il bacino di carenaggio dry dock	imbarcare board (v)	
mollare l'ancora drop anchor (v)		

gli sport
sports

il football americano • football

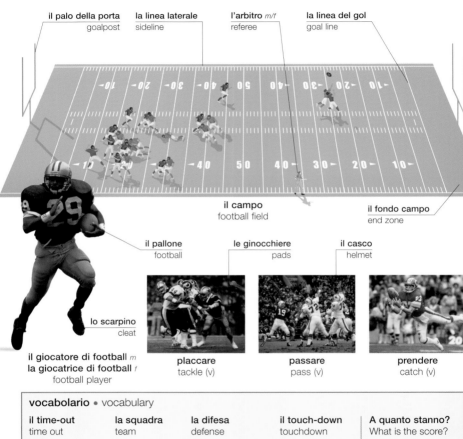

il palo della porta
goalpost

la linea laterale
sideline

l'arbitro *m/f*
referee

la linea del gol
goal line

il campo
football field

il fondo campo
end zone

il pallone
football

le ginocchiere
pads

il casco
helmet

lo scarpino
cleat

il giocatore di football *m*
la giocatrice di football *f*
football player

placcare
tackle (v)

passare
pass (v)

prendere
catch (v)

vocabolario • vocabulary

il time-out time out	**la squadra** team	**la difesa** defense	**il touch-down** touchdown	**A quanto stanno?** What is the score?
il fumble fumble	**l'attacco** attack	**il punteggio** score	**il cheerleader** *m* **la cheerleader** *f* cheerleader	**Chi vince?** Who is winning?

il rugby • rugby

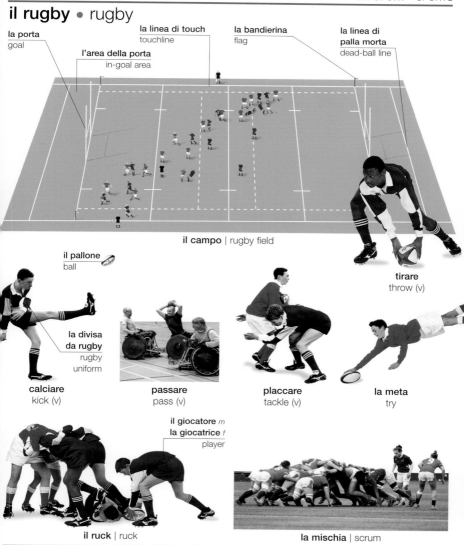

la porta
goal

l'area della porta
in-goal area

la linea di touch
touchline

la bandierina
flag

la linea di
palla morta
dead-ball line

il campo | rugby field

il pallone
ball

tirare
throw (v)

calciare
kick (v)

la divisa
da rugby
rugby
uniform

passare
pass (v)

placcare
tackle (v)

la meta
try

il giocatore *m*
la giocatrice *f*
player

il ruck | ruck

la mischia | scrum

il calcio • soccer

il pallone
soccer ball

l'attaccante *m/f*
forward

l'arbitro *m/f*
referee

il centro campo
center circle

il portiere *m/f*
goalkeeper

la divisa
soccer
uniform

il calciatore *m*
la calciatrice *f*
soccer player

il campo di calcio
soccer field

il palo
goalpost

la rete
net

la traversa
crossbar

dribblare | dribble (v)

colpire di testa
head (v)

il muro
wall

il gol | goal

il calcio di punizione | free kick

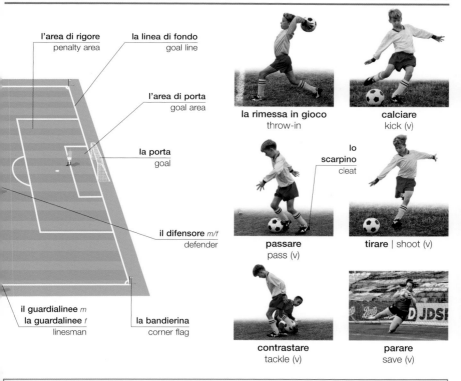

l'area di rigore
penalty area

la linea di fondo
goal line

l'area di porta
goal area

la porta
goal

il difensore *m/f*
defender

il guardialinee *m*
la guardalinee *f*
linesman

la bandierina
corner flag

la rimessa in gioco
throw-in

calciare
kick (v)

lo
scarpino
cleat

passare
pass (v)

tirare | shoot (v)

contrastare
tackle (v)

parare
save (v)

vocabolario • vocabulary

lo stadio stadium	**il fallo** foul	**il cartellino giallo** yellow card	**il campionato** league	**la sostituzione** substitution
segnare score a goal (v)	**il calcio d'angolo** corner	**il fuorigioco** offside	**il pareggio** tie	**il sostituto** *m* **la sostituta** *f* substitute
il rigore penalty	**il cartellino rosso** red card	**l'espulsione** send off	**l'intervallo** half-time	**il tempo supplementare** extra time

l'hockey • hockey

l'hockey su ghiaccio • ice hockey

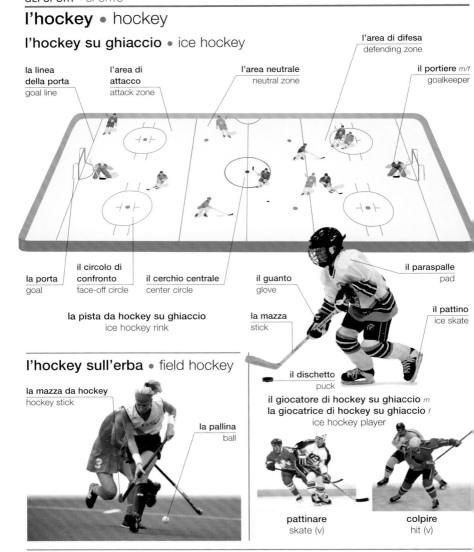

l'area di difesa
defending zone

la linea
della porta
goal line

l'area di
attacco
attack zone

l'area neutrale
neutral zone

il portiere *m/f*
goalkeeper

la porta
goal

il circolo di
confronto
face-off circle

il cerchio centrale
center circle

il guanto
glove

il paraspalle
pad

la pista da hockey su ghiaccio
ice hockey rink

il pattino
ice skate

la mazza
stick

l'hockey sull'erba • field hockey

la mazza da hockey
hockey stick

la pallina
ball

il dischetto
puck

il giocatore di hockey su ghiaccio *m*
la giocatrice di hockey su ghiaccio *f*
ice hockey player

pattinare
skate (v)

colpire
hit (v)

il cricket • cricket

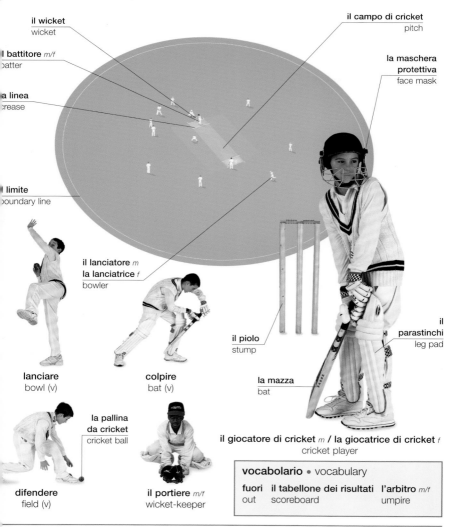

il wicket
wicket

il campo di cricket
pitch

il battitore *m/f*
batter

**la maschera
protettiva**
face mask

la linea
crease

il limite
boundary line

il lanciatore *m*
la lanciatrice *f*
bowler

il piolo
stump

**il
parastinchi**
leg pad

lanciare
bowl (v)

colpire
bat (v)

la mazza
bat

**la pallina
da cricket**
cricket ball

il giocatore di cricket *m* / **la giocatrice di cricket** *f*
cricket player

difendere
field (v)

il portiere *m/f*
wicket-keeper

vocabolario • vocabulary		
fuori	**il tabellone dei risultati**	**l'arbitro** *m/f*
out	scoreboard	umpire

la pallacanestro • basketball

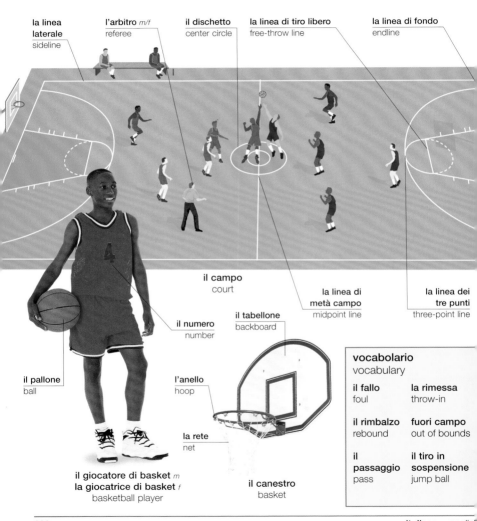

la linea laterale
sideline

l'arbitro *m/f*
referee

il dischetto
center circle

la linea di tiro libero
free-throw line

la linea di fondo
endline

il campo
court

la linea di metà campo
midpoint line

la linea dei tre punti
three-point line

il numero
number

il tabellone
backboard

il pallone
ball

l'anello
hoop

la rete
net

il giocatore di basket *m*
la giocatrice di basket *f*
basketball player

il canestro
basket

vocabolario vocabulary	
il fallo foul	**la rimessa** throw-in
il rimbalzo rebound	**fuori campo** out of bounds
il passaggio pass	**il tiro in sospensione** jump ball

italiano • englis

le azioni • actions

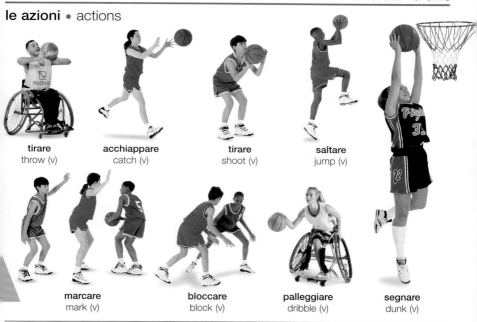

tirare
throw (v)

acchiappare
catch (v)

tirare
shoot (v)

saltare
jump (v)

marcare
mark (v)

bloccare
block (v)

palleggiare
dribble (v)

segnare
dunk (v)

la pallavolo • volleyball

contrastare
block (v)

la rete
net

difendere
dig (v)

l'arbitro *m/f*
referee

la ginocchiera
knee support

il campo | court

il baseball • baseball

il campo • field

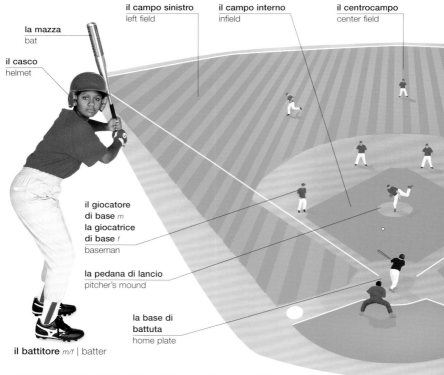

il campo sinistro
left field

il campo interno
infield

il centrocampo
center field

la mazza
bat

il casco
helmet

il giocatore
di base *m*
la giocatrice
di base *f*
baseman

la pedana di lancio
pitcher's mound

la base di
battuta
home plate

il battitore *m/f* | batter

---

vocabolario • vocabulary		
il turno di battuta inning	**salvo** safe	**lo strike** strike
il giro run	**fuori** out	**il fallo** foul ball

la palla
ball

il guantone
glove

la maschera
mask

---

le azioni • actions

il campo
esterno
outfield

il campo
destro
right field

la linea
di fallo
foul line

la squadra
team

la fossa
dugout

il ricevitore *m*
la ricevitrice *f*
catcher

il lanciatore *m*
la lanciatrice *f*
pitcher

lanciare | throw (v)

acchiappare | catch (v)

correre
run (v)

difendere
field (v)

scivolare
slide (v)

inseguire
tag (v)

servire
pitch (v)

battere
bat (v)

l'arbitro *m/f*
umpire

giocare | play (v)

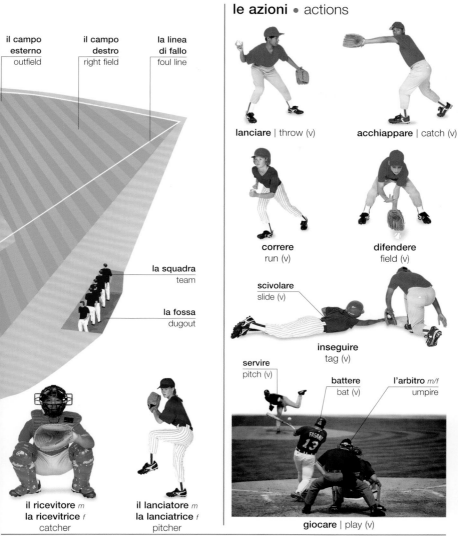

il tennis • tennis

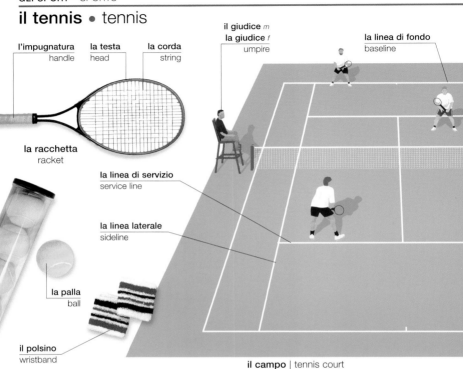

l'impugnatura
handle

la testa
head

la corda
string

il giudice *m*
la giudice *f*
umpire

la linea di fondo
baseline

la racchetta
racket

la linea di servizio
service line

la linea laterale
sideline

la palla
ball

il polsino
wristband

il campo | tennis court

---

vocabolario • vocabulary

il singolare singles	**il set** set	**il deuce** deuce	**il fallo** fault	**il taglio** slice	**l'avvitamento** spin
il doppio doubles	**la partita** match	**il vantaggio** advantage	**l'asso** ace	**il palleggio** rally	**il campionato** championship
il gioco game	**il tiebreak** tiebreaker	**a zero** love	**la smorzata** drop shot	**colpo nullo!** let!	**il guardalinee** *m* **la guardalinee** *f* linesman

---

i colpi • strokes

la rete
net

la
schiacciata
smash

il raccattapalle *m*
la raccattapalle *f*
ball boy / ball girl

battere
il servizio
serve (v)

le scarpe
da tennis
tennis shoes

il giocatore *m* **/ la giocatrice** *f*
player

il servizio
serve

la volée
volley

il ritorno
return

il pallonetto
lob

il dritto
forehand

il rovescio
backhand

i giochi con la racchetta • racket games

il volano
shuttlecock

la racchetta
paddle

il badminton
badminton

il ping pong
table tennis

lo squash
squash

il racquetball
racquetball

il golf • golf

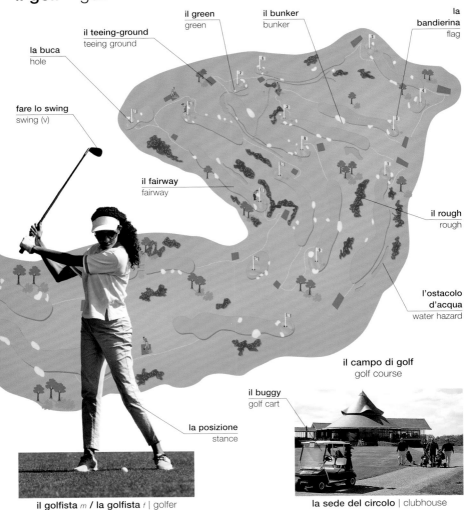

la buca
hole

il teeing-ground
teeing ground

il green
green

il bunker
bunker

la
bandierina
flag

fare lo swing
swing (v)

il fairway
fairway

il rough
rough

l'ostacolo
d'acqua
water hazard

il campo di golf
golf course

il buggy
golf cart

la posizione
stance

il golfista *m* **/ la golfista** *f* | golfer

la sede del circolo | clubhouse

le attrezzature • equipment

la pallina da golf
golf ball

la sacca da golf
golf bag

il tee
tee

i chiodi
spikes

il guanto
glove

il carrellino
bag cart

la scarpa da golf
golf shoe

le mazze da golf
golf clubs

la mazza di legno
wood

il putter
putter

la mazza di ferro
iron

la mazza ricurva
wedge

le azioni • actions

cominciare la partita
tee off (v)

colpire a distanza
drive (v)

colpire leggermente
putt (v)

colpire da vicino
chip (v)

---

vocabolario • vocabulary

il par par	**l'overpar** over par	**l'handicap** handicap	**il caddy** caddy	**il colpo** stroke	**il back-swing** backswing
l'underpar under par	**la buca in uno** hole in one	**il torneo** tournament	**gli spettatori** spectators	**lo swing di pratica** practice swing	**la linea di gioco** line of play

---

l'atletica leggera • track and field

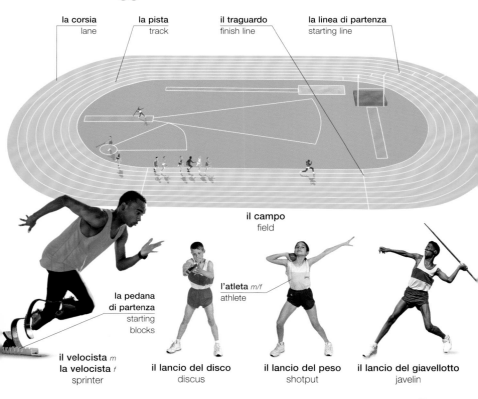

la corsia
lane

la pista
track

il traguardo
finish line

la linea di partenza
starting line

il campo
field

**la pedana
di partenza**
starting
blocks

l'atleta *m/f*
athlete

il velocista *m*
la velocista *f*
sprinter

il lancio del disco
discus

il lancio del peso
shotput

il lancio del giavellotto
javelin

---

vocabolario • vocabulary

la gara race	**il primato** record	**il fotofinish** photo finish	**il salto con l'asta** pole vault
il tempo time	**battere un
primato** break a record (v)	**la maratona** marathon	**il primato
personale** personal best

il cronometro
stopwatch

il testimone
baton

la staffetta
relay race

la sbarra
crossbar

il salto in alto
high jump

il salto in lungo
long jump

LINFORD CHRISTIE STADIUM

la corsa a ostacoli
hurdles

la ginnastica • gymnastics

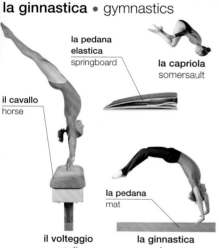

la pedana elastica
springboard

la capriola
somersault

il ginnasta *m*
la ginnasta *f*
gymnast

il cavallo
horse

la trave
balance beam

il nastro
ribbon

la pedana
mat

il volteggio
vault

la ginnastica a terra
floor exercises

la ruota
cartwheel

la ginnastica ritmica
rhythmic gymnastics

vocabolario • vocabulary

la sbarra horizontal bar	**le sbarre asimmetriche** asymmetric bars	**gli anelli** rings	**le medaglie** medals	**l'argento** silver
le parallele parallel bars	**il cavallo** pommel horse	**il podio** podium	**l'oro** gold	**il bronzo** bronze

gli sport da combattimento • combat sports

l'avversario *m*
l'avversaria *f*
opponent

il casco
guard

il guanto
glove

la cintura
belt

il tae kwondo
tae kwon do

il karate
karate

la maschera
mask

il judo
judo

la
sciabola
sword

il kendo
kendo

il kung fu
kung fu

l'aikido
aikido

il kickboxing
kickboxing

la lotta greco-romana
wrestling

il pugilato
boxing

le mosse • actions

la scivolata
fall

la presa
hold

la proiezione
throw

la caduta
pin

il calcio
kick

il pugno
punch

il colpo
strike

il colpo di taglio
chop

il salto
jump

la parata
block

vocabolario • vocabulary

il ring boxing ring	**il round** round	**il pugno** fist	**la cintura nera** black belt	**la capoeira** capoeira
i guantoni boxing gloves	**l'incontro** bout	**il ko** knockout	**l'autodifesa** self-defense	**il sumo** sumo wrestling
il paradenti mouth guard	**l'allenamento** sparring	**il sacco** punching bag	**le arti marziali** martial arts	**il tai-chi** tai chi

il nuoto • swimming

l'attrezzatura • equipment

il bracciolo
water wings

gli occhialetti
goggles

la molletta per il naso
nose clip

la tavoletta
kickboard

il costume da bagno
swimsuit

la corsia
lane

l'acqua
water

il blocco di partenza
starting block

la piscina
swimming pool

la cuffia
swimming cap

il costume da bagno
swim briefs

il trampolino
diving board

il tuffatore *m*
la tuffatrice *f*
diver

tuffarsi | dive (v)

il nuotatore *m* / **la nuotatrice** *f*
swimmer

nuotare | swim (v)

la giravolta | turn

gli stili • styles

lo stile libero
front crawl

la rana
breaststroke

la bracciata
stroke

la gambata
kick

il dorso | backstroke

la farfalla | butterfly

il nuoto subacqueo • scuba diving

la tuta subacquea
wetsuit

la pinna
fin

la cintura dei pesi
weight belt

la bombola
air tank

la maschera
mask

il regolatore
regulator

il boccaglio
snorkel

vocabolario • vocabulary

il tuffo dive	**il tuffo alto** high dive	**gli armadietti** lockers	**la pallanuoto** water polo	**la parte bassa** shallow end	**il crampo** cramp
la gara di tuffi racing dive	**tenersi a galla** tread water (v)	**il bagnino** *m* **la bagnina** *f* lifeguard	**la parte profonda** deep end	**il nuoto sincronizzato** synchronized swimming	**annegare** drown (v)

la vela • sailing

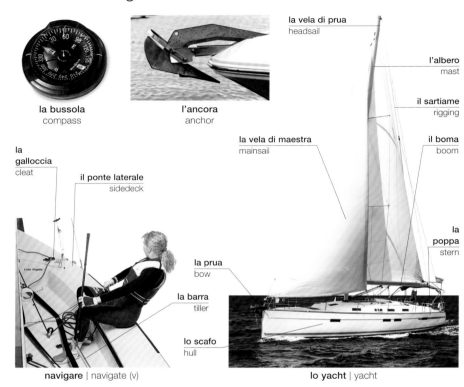

la bussola
compass

l'ancora
anchor

la vela di prua
headsail

l'albero
mast

il sartiame
rigging

la vela di maestra
mainsail

il boma
boom

la galloccia
cleat

il ponte laterale
sidedeck

la poppa
stern

la prua
bow

la barra
tiller

lo scafo
hull

navigare | navigate (v)

lo yacht | yacht

la sicurezza • safety

il razzo illuminante
flare

il salvagente
life buoy

il giubbotto di salvataggio
life jacket

la zattera di salvataggio
life raft

gli sport acquatici • watersports

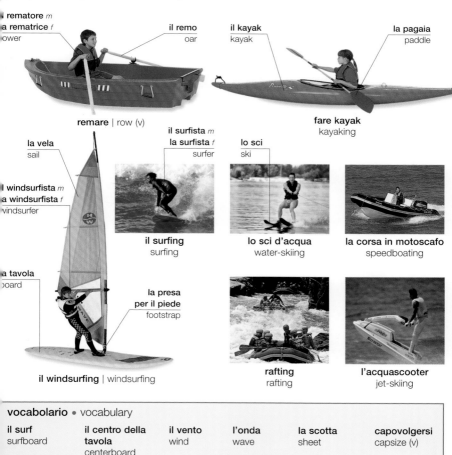

il rematore *m*
la rematrice *f*
rower

il remo
oar

remare | row (v)

il kayak
kayak

la pagaia
paddle

fare kayak
kayaking

la vela
sail

il windsurfista *m*
la windsurfista *f*
windsurfer

la tavola
board

la presa
per il piede
footstrap

il windsurfing | windsurfing

il surfista *m*
la surfista *f*
surfer

il surfing
surfing

lo sci
ski

lo sci d'acqua
water-skiing

la corsa in motoscafo
speedboating

rafting
rafting

l'acquascooter
jet-skiing

vocabolario • vocabulary

il surf surfboard	**il centro della tavola** centerboard	**il vento** wind	**l'onda** wave	**la scotta** sheet	**capovolgersi** capsize (v)
l'equipaggio crew	**il timone** rudder	**la cresta dell'onda** surf	**il torrente** rapids	**bordeggiare** tack (v)	

l'equitazione • horseback riding

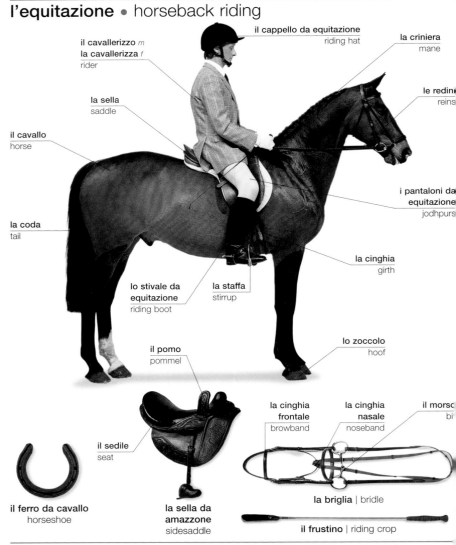

il cappello da equitazione
riding hat

la criniera
mane

il cavallerizzo *m*
la cavallerizza *f*
rider

le redini
reins

la sella
saddle

il cavallo
horse

i pantaloni da
equitazione
jodhpurs

la coda
tail

la cinghia
girth

lo stivale da
equitazione
riding boot

la staffa
stirrup

lo zoccolo
hoof

il pomo
pommel

la cinghia
frontale
browband

la cinghia
nasale
noseband

il morso
bit

il sedile
seat

il ferro da cavallo
horseshoe

**la sella da
amazzone**
sidesaddle

la briglia | bridle

il frustino | riding crop

le corse • events

il cavallo da corsa
racehorse

la corsa di cavalli
horse race

l'ostacolo
fence

la corsa a ostacoli
steeplechase

la corsa al trotto
harness race

il rodeo
rodeo

il concorso di salto a ostacoli
showjumping

la corsa di carrozze
carriage race

l'escursione a cavallo
trail riding

il dressage
dressage

il polo
polo

---

vocabolario • vocabulary

il passo walk	**il galoppo** gallop	**il salto** jump	**la cavezza** halter	**il recinto** paddock	**l'ippodromo** racecourse
il trotto trot	**il piccolo galoppo** canter	**lo stalliere** *m* **la stalliera** *f* groom	**la stalla** stable	**l'arena** arena	**la corsa in piano** flat race

la pesca • fishing

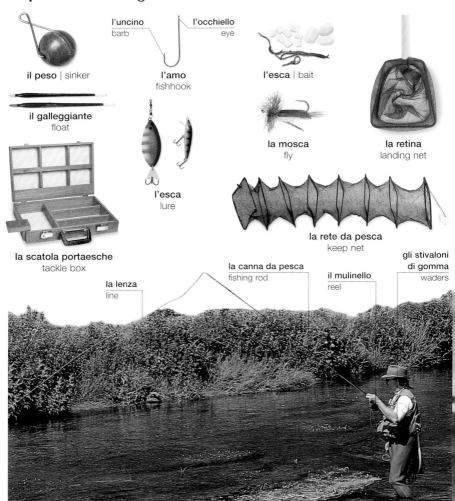

il peso | sinker

l'uncino
barb

l'occhiello
eye

l'amo
fishhook

l'esca | bait

il galleggiante
float

la mosca
fly

la retina
landing net

l'esca
lure

la scatola portaesche
tackle box

la rete da pesca
keep net

la lenza
line

la canna da pesca
fishing rod

il mulinello
reel

**gli stivaloni
di gomma**
waders

il pescatore *m* **/ la pescatrice** *f* | angler

i tipi di pesca • types of fishing

la pesca di acqua dolce
freshwater fishing

la pesca con la mosca
fly-fishing

la pesca sportiva
sportfishing

la pesca in alto mare
deep-sea fishing

il surfcasting
surfcasting

le attività • activities

lanciare
cast (v)

prendere
catch (v)

tirare su
reel in (v)

**pescare con
la rete**
net (v)

rilasciare
release (v)

---

vocabolario • vocabulary

fornire di esca bait (v)	**l'attrezzatura** tackle	**l'impermeabile** rain gear	**la licenza di pesca** fishing license	**la nassa** creel
abboccare bite (v)	**la bobina** spool	**la canna da pesca** pole	**la pesca in mare** marine fishing	**la pesca con la fiocina** spearfishing

---

lo sci • skiing

la pista da sci
ski slope

la seggiovia
chairlift

la funivia
cable car

la pista da sci
ski run

il bastone
da sci
ski pole

il guanto
glove

la transenna
di sicurezza
safety barrier

la punta
tip

la lama
edge

lo sci
ski

la giacca da sci
ski jacket

lo scarpone da sci
ski boot

lo sciatore *m* / la sciatrice *f*
skier

le gare • events

la discesa
downhill skiing

la porta
gate

lo slalom
slalom

il salto
ski jump

lo sci di fondo
cross-country skiing

gli sport invernali • winter sports

**l'arrampicata
su ghiaccio**
ice climbing

**il pattinaggio
su ghiaccio**
ice-skating

gli occhiali
goggles

il pattino
skate

**il pattinaggio
artistico**
figure skating

lo snowboard
snowboarding

il bob
bobsled

lo slittino
luge

vocabolario • vocabulary	
la valanga avalanche	**fuoripista** off-piste
lo sci alpino alpine skiing	**il curling** curling
lo slalom gigante giant slalom	**il biathlon** biathlon
la corsa su slitta trainata da cani dogsledding	**il pattinaggio di velocità** speed skating

la motoslitta
snowmobile

la corsa su slitta
sledding

gli altri sport • other sports

l'aliante
glider

il deltaplano
hang-glider

il volo a vela
gliding

il volo in deltaplano
hang-gliding

la corda
rope

il paracadute
parachute

l'alpinismo in parete
rock climbing

il paracadutismo
parachuting

il parapendio
paragliding

il paracadutismo libero
skydiving

la cordata
rappelling

il bungee jumping
bungee jumping

il rally
rally driving

il pilota da corsa *m*
la pilota da corsa *f*
race-car driver

l'automobilismo
auto racing

il motocross
motocross

il motociclismo
motorcycle racing

la tavola da
skateboard
skateboard

lo skateboard
skateboarding

il pattinaggio in linea
inline skating

la mazza
stick

la maschera
mask

il fioretto
foil

il lacrosse
lacrosse

la scherma
fencing

il birillo
pin

la palla da
bowling
bowling ball

il bowling
bowling

la freccia
arrow

l'arco
bow

la faretra
quiver

il tiro con l'arco
archery

il bersaglio
target

il tiro al bersaglio
target shooting

il biliardo
pool

lo snooker
snooker

il fitness • fitness

la cyclette
exercise bike

la macchina per esercizi
gym machine

la panca
bench

i manubri
free weights

la sbarra
bar

la palestra
gym

il vogatore
rowing machine

il tapis roulant
treadmill

il cross trainer
elliptical trainer

il personal trainer *m*
la personal trainer *f*
personal trainer

la macchina per step
stair machine

la piscina
swimming pool

la sauna
sauna

gli esercizi • exercises

lo stretching
stretch

lo stiramento
lunge

le flessioni
push-up

il piegamento delle ginocchia
squat

gli addominali
sit-up

il manubrio
dumbbell

le alzate con il manubrio
bicep curl

la pressa per le gambe
leg press

le scarpe da ginnastica
sneakers

il bilanciere
weight bar

la pressa per pettorali
chest press

l'addestramento ai pesi
weight training

il jogging
jogging

il Pilates
Pilates

vocabolario • vocabulary

allenarsi
train (v)

correre sul posto
jog in place (v)

stendere
extend (v)

la ginnastica prepugilistica
boxercise

saltare con la corda
jumping rope

riscaldarsi
warm up (v)

flettere
flex (v)

sollevare
pull up (v)

l'allenamento a circuito
circuit training

la lezione di spinning
spin class

il tempo libero
leisure

il teatro • theater

il sipario | curtain

la quinta | wings

la scenografia | set

il pubblico | audience

l'orchestra | orchestra

il palcoscenico | stage

la poltrona | seat

la seconda galleria | balcony seats

la fila | row

il palco | box

la galleria | mezzanine

la balconata | balcony

il corridoio | aisle

la platea | orchestra seats

le poltrone | seating

vocabolario • vocabulary

l'attore m l'attrice f actor	il produttore m la produttrice f producer	l'intervallo intermission
il cast cast	il copione script	il programma program
l'opera teatrale play	il fondale backdrop	il golfo mistico orchestra pit
il regista m la regista f director	la prima opening night	

il concerto
concert

il musical
musical

il costume
costume

il balletto
ballet

vocabolario • vocabulary

la musica classica
classical music

la partitura musicale
musical score

l'usciere *m*
l'usciera *f*
usher

la colonna sonora
soundtrack

applaudire
applaud (v)

il bis
encore

Vorrei due biglietti per lo spettacolo di stasera.
I'd like two tickets for tonight's performance.

A che ora inizia?
What time does it start?

l'opera
opera

il cinema • movies

il popcorn
popcorn

la biglietteria
box office

la locandina
poster

l'atrio
lobby

il cinema
movie theater

lo schermo
screen

vocabolario • vocabulary

la commedia
comedy

il thriller
thriller

il film horror
horror movie

il western
western

il film d'amore
romance

il film di fantascienza
science fiction movie

il film di avventura
adventure movie

il film di animazione
animated movie

l'orchestra • orchestra

gli strumenti a corda • strings

l'arpa
harp

il direttore d'orchestra *m*
la direttrice d'orchestra *f*
conductor

il contrabbasso
double bass

il violino
violin

il podio
podium

il violoncello
cello

la viola
viola

lo spartito
score

la chiave
di sol
treble clef

la nota
note

il pentagramma
staff

la chiave
di basso
bass clef

il pianoforte | piano

l'annotazione | notation

---

vocabolario • vocabulary

l'ouverture overture	la sonata sonata	la pausa rest	il diesis sharp	naturale natural	la scala scale
la sinfonia symphony	gli strumenti instruments	il tono pitch	il bemolle flat	la battuta bar	la bacchetta baton

---

gli strumenti a fiato • woodwind

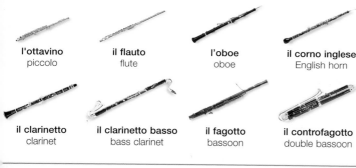

l'ottavino
piccolo

il flauto
flute

l'oboe
oboe

il corno inglese
English horn

il clarinetto
clarinet

il clarinetto basso
bass clarinet

il fagotto
bassoon

il controfagotto
double bassoon

il sassofono
saxophone

---

la percussione • percussion

il vibrafono
vibraphone

i bongo
bongos

il tamburo militare
snare drum

il timpano
kettledrum

il gong
gong

il triangolo
triangle

le maracas
maracas

i cembali
cymbals

il tamburello
tambourine

il pedale
foot pedal

---

gli ottoni • brass

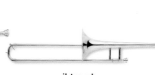

la tromba
trumpet

il trombone
trombone

il corno
French horn

la tuba
tuba

il **concerto** • concert

l'altoparlante
speaker

i fan
fans

il cantante *m*
la cantante *f*
lead singer

il chitarrista *m*
la chitarrista *f*
guitarist

il microfono
microphone

il batterista *m*
la batterista *f*
drummer

il concerto rock | rock concert

gli **strumenti** • instruments

il riproduttore
acustico
pickup

il manico
neck

il basso
bass guitar

la tastiera
keyboard

il ponte
bridge

il tasto
fret

la chiave di
accordatura
tuning peg

la corda
string

il tamburo
drum

la chitarra elettrica
electric guitar

la batteria
drum kit

gli stili musicali • musical styles

il jazz
jazz

il blues
blues

il gospel
gospel

la musica folk
folk music

il pop
pop

la musica dance
dance music

il rap
rap

l'heavy metal
heavy metal

la musica classica
classical music

vocabolario • vocabulary

la canzone	**il testo**	**la melodia**	**il ritmo**	**il reggae**	**il country**	**il proiettore**
song	lyrics	melody	beat	reggae	country	spotlight

il giro turistico • sightseeing

il turista *m*
la turista *f*
tourist

l'itinerario
itinerary

scoperto
open-top

il pullman turistico | tour bus

la guida
turistica *m/f*
tour guide

la statuina
figurine

la visita guidata
guided tour

i souvenir
souvenirs

il luogo d'interesse turistico | tourist attraction

vocabolario • vocabulary

aperto *m* **aperta** *f* open	**la guida** guidebook	**le indicazioni** directions	**a sinistra** left	**Dov'è… ?** Where is… ?
chiuso *m* **chiusca** *f* closed	**la pellicola** film	**la videocamera** camcorder	**a destra** right	**Mi sono perso.** *m* **Mi sono persa.** *f* I'm lost.
la tariffa d'ingresso entrance fee	**l'audioguida** audioguide	**la macchina fotografica** camera	**dritto** straight ahead	**¿Podría decirme cómo se va a… ?** Can you tell me the way to… ?
	le batterie batteries			

i luoghi d'interesse • attractions

il quadro
painting

l'opera d'arte
exhibit

la statua
statue

l'esposizione
exhibition

la rovina famosa
famous ruin

la galleria d'arte
art gallery

il monumento
monument

il museo
museum

l'edificio storico
historic building

il casinò
casino

i giardini
gardens

il parco nazionale
national park

l'informazione • information

gli orari
times

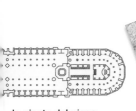

la pianta del piano
floor plan

la mappa
map

l'orario
schedule

l'ufficio informazioni turistiche
tourist information

le attività all'aria aperta • outdoor activities

il sentiero
footpath

la meridiana
sundial

il caffè
café

il parco | park

il prato
grass

la panchina
bench

il giardino
all'italiana
formal gardens

le montagne russe
roller coaster

il luna park
fairground

il parco a tema
theme park

lo zoosafari
safari park

lo zoo
zoo

le attività • activities

il ciclismo
cycling

il jogging
jogging

lo skateboard
skateboarding

il pattinaggio
rollerblading

il sentiero per cavalli
bridle path

la cesta
picnic
basket

l'ornitologia
bird-watching

l'equitazione
horseback riding

l'escursionismo
hiking

il picnic
picnic

il parco giochi • playground

il recinto con la sabbia
sandbox

la piscina gonfiabile
wading pool

l'altalena
swing

il bilanciere | seesaw

lo scivolo | slide

la struttura per arrampicarsi
climbing frame

la spiaggia • beach

l'albergo
hotel

l'ombrellone
beach umbrella

l'onda
wave

il mare
sea

il lettino
sun lounger

la sabbia
sand

il costume da bagno
swimming briefs

il bikini
bikini

la borsa da spiaggia
beach bag

prendere il sole | sunbathe (v)

il bagnino *m*
la bagnina *f*
lifeguard

la torre di sorveglianza
lifeguard tower

il paravento
windbreak

il lungomare
boardwalk

la sedia a sdraio
deck chair

gli occhiali da sole
sunglasses

il cappello da spiaggia
sun hat

la crema abbronzante
suntan lotion

la crema protettiva
sunscreen

il pallone da spiaggia
beach ball

la ciambella
inflatable ring

il telo mare
beach towel

il costume da bagno
swimsuit

la paletta
shovel

il secchiello
pail

il castello di sabbia
sandcastle

la conchiglia
shell

il campeggio • camping

i rifiuti
waste disposal

i bagni
restrooms

le docce
shower block

la presa di corrente
electric hookup

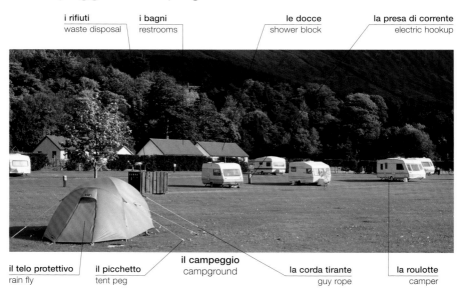

il telo protettivo
rain fly

il picchetto
tent peg

il campeggio
campground

la corda tirante
guy rope

la roulotte
camper

vocabolario • vocabulary

campeggiare camp (v)	**il posteggio** site	**la tavola da picnic** picnic bench	**la carbonella** charcoal
l'ufficio del direttore site manager's office	**piantare una tenda** pitch a tent (v)	**l'amaca** hammock	**l'accendifuoco** firelighter
le piazzole disponibili sites available	**il palo** tent pole	**il camper** camper van	**accendere un fuoco** light a fire (v)
pieno full	**il lettino da campeggio** camp bed	**il rimorchio** trailer	**il fuoco** campfire

la struttura
frame

il telo isolante
ground sheet

lo zaino
backpack

il thermos
vacuum flask

la borraccia
water bottle

la tenda
tent

il repellente
per insetti
insect repellent

la torcia
flashlight

la zanzariera
mosquito net

gli indumenti
termici
thermal underwear

le scarpe da
escursionismo
hiking boots

gli indumenti
impermeabili
rain gear

il sacco a pelo
sleeping bag

il materassino
sleeping mat

il fornelletto
da campeggio
camping stove

la griglia per
barbecue
barbecue grill

il materassino gonfiabile | air mattress

l'intrattenimento domestico • home entertainment

il televisore a schermo piatto
flatscreen TV

l'amplificatore
amplifier

l'altoparlante
speaker

il supporto per l'altoparlante
speaker stand

il riavvolgimento
rewind

l'avanzamento veloce
fast-forward

il volume
volume

il play
play

la pausa
pause

la registrazione
record

lo stop
stop

il telecomando
remote control

il lettore DVD
DVD player

il dock
dock

il decoder
DTV converter box

la radio digitale
digital radio

l'antenna parabolica
satellite dish

l'oculare
eyecup

lo schermo
screen

la videocamera
camcorder

la console
console

il comando
controller

il videogioco | video game

lo smart speaker
smart speaker

l'altoparlante Bluetooth
bluetooth speaker

le cuffie
headphones

la custodia
case

gli auricolari wireless
wireless earphones

---

vocabolario • vocabulary

lo streaming streaming	**la pubblicità** advertisement	**stereo** stereo	**accendere la televisione** turn on the television (v)	**spegnere la televisione** turn off the television (v)
il karaoke karaoke	**digitale** digital	**la smart TV** smart TV	**guardare la televisione** watch television (v)	**il Wi-Fi** Wi-Fi
il lettore CD CD player	**alta definizione (HD)** high-definition	**la soundbar** soundbar		
il lungometraggio feature film	**il programma** program	**la televisione via cavo** cable television	**cambiare canale** change channel (v)	

---

la fotografia • photography

il pulsante di scatto
shutter release

**il regolatore
di esposizione**
aperture dial

l'obiettivo
lens

la macchina fotografica SLR | SLR camera

il filtro
filter

il copriobiettivo
lens cap

il flash
flash gun

l'esposimetro
light meter

lo zoom
zoom lens

il treppiede
tripod

i tipi di macchina fotografica • types of camera

**la macchina
fotografica Polaroid**
Polaroid camera

la fotocamera
digital camera

il flash
flash

**il telefono con
macchina fotografica**
camera phone

**la macchina fotografica
usa e getta**
disposable camera

fotografare • photograph (v)

mettere a fuoco
focus (v)

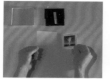
sviluppare
develop (v)

il negativo
negative

il selfie
selfie

orizzontale
landscape

verticale
portrait

la fotografia | photograph

l'album fotografico
photo album

la cornice
picture frame

i difetti • problems

sottoesposto
underexposed

sovraesposto
overexposed

sfocato
out of focus

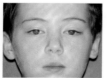
l'occhio rosso
red eye

vocabolario • vocabulary

il mirino viewfinder	**opaco** matte
la custodia camera case	**lucido** gloss
l'esposizione exposure	**l'ingrandimento** enlargement
la camera oscura darkroom	**la fotografia (sviluppata)** print

Vorrei far sviluppare questo rullino.
I'd like this film processed.

i giochi • games

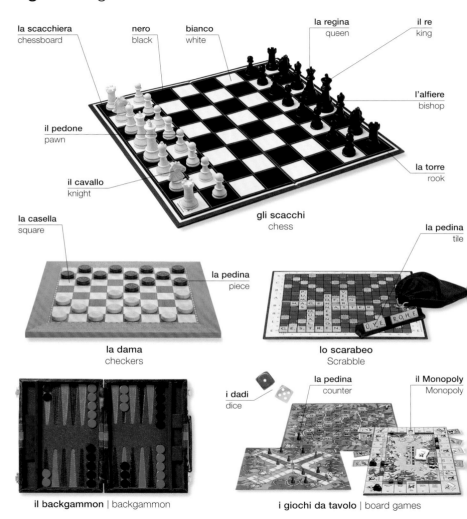

la scacchiera
chessboard

nero
black

bianco
white

la regina
queen

il re
king

l'alfiere
bishop

il pedone
pawn

la torre
rook

il cavallo
knight

gli scacchi
chess

la casella
square

la pedina
tile

la pedina
piece

la dama
checkers

lo scarabeo
Scrabble

i dadi
dice

la pedina
counter

il Monopoly
Monopoly

il backgammon | backgammon

i giochi da tavolo | board games

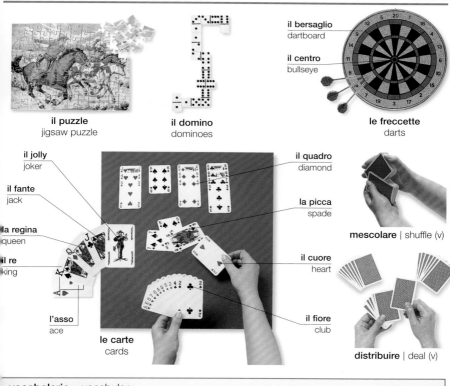

il puzzle
jigsaw puzzle

il domino
dominoes

il bersaglio
dartboard

il centro
bullseye

le freccette
darts

il jolly
joker

il fante
jack

la regina
queen

il re
king

l'asso
ace

il quadro
diamond

la picca
spade

il cuore
heart

il fiore
club

le carte
cards

mescolare | shuffle (v)

distribuire | deal (v)

vocabolario • vocabulary

la mossa move	**vincere** win (v)	**perdere** lose (v)	**il punto** point	**il mazzo di carte** deck of cards	**A chi tocca?** Whose turn is it?
giocare play (v)	**il vincitore** m **la vincitrice** f winner	**il perdente** m **la perdente** f loser	**il punteggio** score	**il poker** poker	**Tocca a te.** It's your move.
il giocatore m **la giocatrice** f player	**il gioco** game	**la scommessa** bet	**il colore** suit	**il bridge** bridge	**Tira i dadi.** Roll the dice.

arte e artigianato • arts and crafts (1)

l'artista *m/f*
artist

il quadro
painting

il cavalletto
easel

la tela
canvas

il pennello
brush

la tavolozza
palette

la pittura | painting

le pitture
paints

il colore ad olio
oil paint

gli acquarelli
watercolor paint

i pastelli
pastels

i colori acrilici
acrylic paint

la tempera
poster paint

i colori • colors

rosso
red

blu
blue

giallo
yellow

verde
green

arancione
orange

viola
purple

bianco
white

nero
black

grigio
gray

rosa
pink

marrone
brown

indaco
indigo

altri lavori artigianali • other crafts

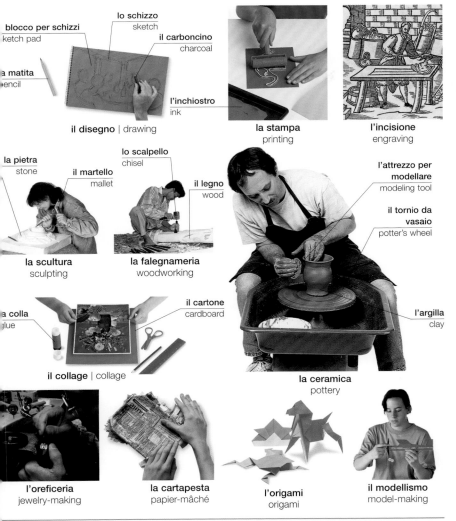

blocco per schizzi
ketch pad

lo schizzo
sketch

il carboncino
charcoal

a matita
encil

l'inchiostro
ink

il disegno | drawing

la stampa
printing

l'incisione
engraving

la pietra
stone

il martello
mallet

lo scalpello
chisel

il legno
wood

l'attrezzo per modellare
modeling tool

il tornio da vasaio
potter's wheel

la scultura
sculpting

la falegnameria
woodworking

a colla
glue

il cartone
cardboard

il collage | collage

l'argilla
clay

la ceramica
pottery

l'oreficeria
jewelry-making

la cartapesta
papier-mâché

l'origami
origami

il modellismo
model-making

arte e artigianato • arts and crafts (2)

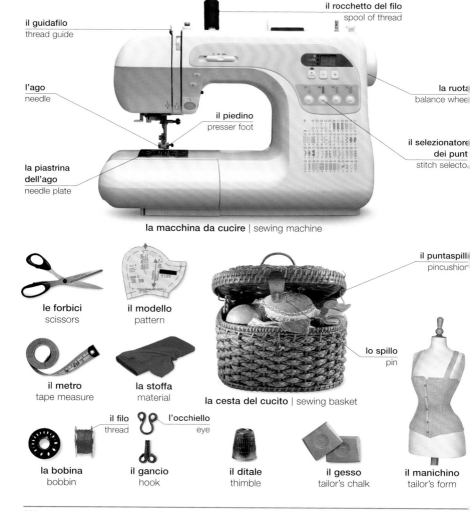

il rocchetto del filo
spool of thread

il guidafilo
thread guide

l'ago
needle

la ruota
balance wheel

il piedino
presser foot

il selezionatore
dei punti
stitch selector

la piastrina
dell'ago
needle plate

la macchina da cucire | sewing machine

le forbici
scissors

il modello
pattern

il puntaspilli
pincushion

lo spillo
pin

il metro
tape measure

la stoffa
material

la cesta del cucito | sewing basket

il filo
thread

l'occhiello
eye

la bobina
bobbin

il gancio
hook

il ditale
thimble

il gesso
tailor's chalk

il manichino
tailor's form

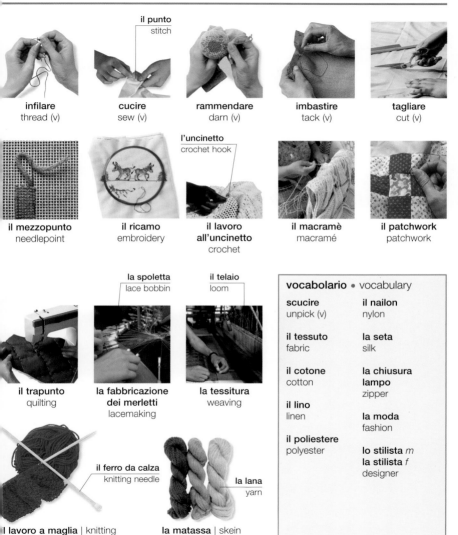

il punto
stitch

infilare
thread (v)

cucire
sew (v)

rammendare
darn (v)

imbastire
tack (v)

tagliare
cut (v)

il mezzopunto
needlepoint

il ricamo
embroidery

l'uncinetto
crochet hook

il lavoro all'uncinetto
crochet

il macramè
macramé

il patchwork
patchwork

la spoletta
lace bobbin

il telaio
loom

il trapunto
quilting

la fabbricazione dei merletti
lacemaking

la tessitura
weaving

il ferro da calza
knitting needle

la lana
yarn

Il lavoro a maglia | knitting

la matassa | skein

vocabolario • vocabulary

scucire
unpick (v)

il tessuto
fabric

il cotone
cotton

il lino
linen

il poliestere
polyester

il nailon
nylon

la seta
silk

la chiusura lampo
zipper

la moda
fashion

lo stilista *m*
la stilista *f*
designer

l'ambiente
environment

lo spazio • space

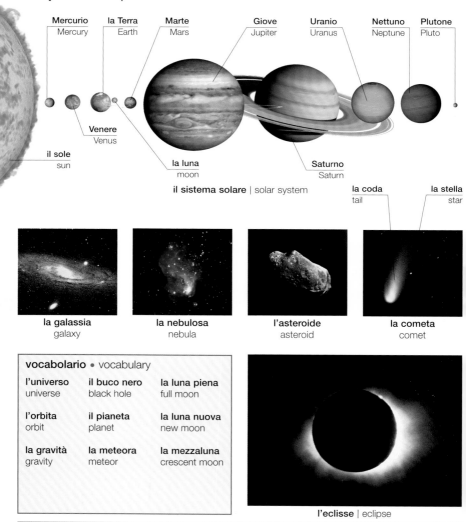

| Mercurio | la Terra | Marte | Giove | Urano | Nettuno | Plutone |
| Mercury | Earth | Mars | Jupiter | Uranus | Neptune | Pluto |

Venere
Venus

il sole
sun

la luna
moon

Saturno
Saturn

il sistema solare | solar system

la coda
tail

la stella
star

la galassia
galaxy

la nebulosa
nebula

l'asteroide
asteroid

la cometa
comet

vocabolario • vocabulary		
l'universo universe	**il buco nero** black hole	**la luna piena** full moon
l'orbita orbit	**il pianeta** planet	**la luna nuova** new moon
la gravità gravity	**la meteora** meteor	**la mezzaluna** crescent moon

l'eclisse | eclipse

l'esplorazione dello spazio
space exploration

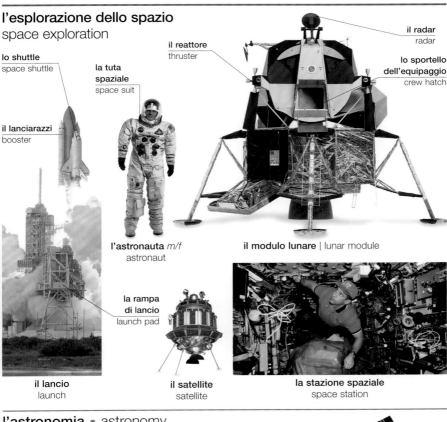

lo shuttle
space shuttle

il lanciarazzi
booster

la tuta spaziale
space suit

il reattore
thruster

il radar
radar

lo sportello dell'equipaggio
crew hatch

l'astronauta *m/f*
astronaut

il modulo lunare | lunar module

la rampa di lancio
launch pad

il lancio
launch

il satellite
satellite

la stazione spaziale
space station

l'astronomia • astronomy

la costellazione
constellation

il binocolo
binoculars

il telescopio
telescope

il treppiede
tripod

la Terra • Earth

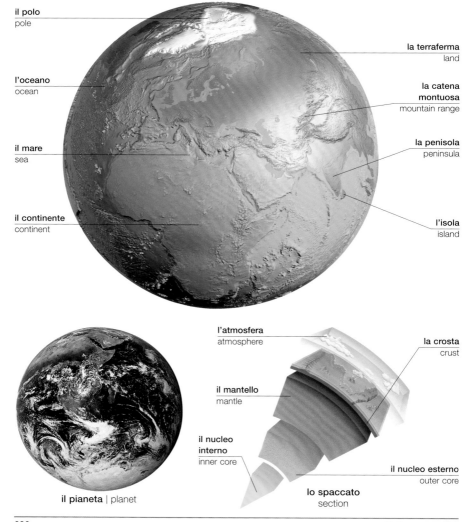

il polo
pole

la terraferma
land

l'oceano
ocean

la catena
montuosa
mountain range

il mare
sea

la penisola
peninsula

il continente
continent

l'isola
island

l'atmosfera
atmosphere

la crosta
crust

il mantello
mantle

il nucleo
interno
inner core

il nucleo esterno
outer core

il pianeta | planet

lo spaccato
section

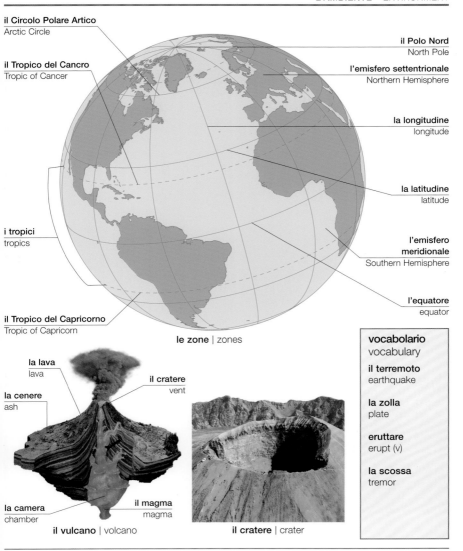

il Circolo Polare Artico
Arctic Circle

il Tropico del Cancro
Tropic of Cancer

i tropici
tropics

il Tropico del Capricorno
Tropic of Capricorn

il Polo Nord
North Pole

l'emisfero settentrionale
Northern Hemisphere

la longitudine
longitude

la latitudine
latitude

l'emisfero
meridionale
Southern Hemisphere

l'equatore
equator

le zone | zones

la lava
lava

la cenere
ash

il cratere
vent

la camera
chamber

il magma
magma

il vulcano | volcano

il cratere | crater

vocabolario
vocabulary

il terremoto
earthquake

la zolla
plate

eruttare
erupt (v)

la scossa
tremor

italiano • english

283

il paesaggio • landscape

la montagna
mountain

la pendice
slope

la riva
bank

il fiume
river

le rapide
rapids

le rocce
rocks

il ghiacciaio
glacier

la valle | valley

la collina
hill

l'altipiano
plateau

la gola
gorge

la caverna
cave

la pianura | plain

il deserto | desert

la foresta | forest

il bosco | woods

la foresta pluviale
rain forest

la palude
swamp

il pascolo
meadow

la prateria
grassland

la cascata
waterfall

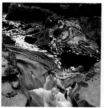

il torrente
stream

il lago
lake

il geyser
geyser

la costa
coast

la scogliera
cliff

la barriera corallina
coral reef

l'estuario
estuary

il tempo • weather

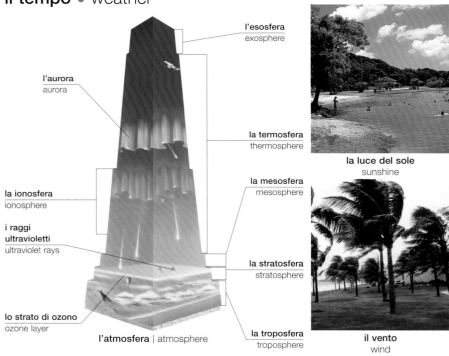

l'esosfera
exosphere

l'aurora
aurora

la termosfera
thermosphere

la luce del sole
sunshine

la mesosfera
mesosphere

la ionosfera
ionosphere

i raggi ultravioletti
ultraviolet rays

la stratosfera
stratosphere

lo strato di ozono
ozone layer

l'atmosfera | atmosphere

la troposfera
troposphere

il vento
wind

vocabolario • vocabulary

il nevischio sleet	**il rovescio** shower	**caldo** hot	**secco** dry	**ventoso** windy	**Ho caldo / freddo.** I'm hot / cold.
la grandine hail	**soleggiato** sunny	**freddo** cold	**piovoso** wet	**la bufera** gale	**Sta piovendo.** It's raining.
il tuono thunder	**nuvoloso** cloudy	**tiepido** warm	**umido** humid	**la temperatura** temperature	**Fa... gradi.** It's … degrees.

la nuvola
cloud

la pioggia
rain

il fulmine
lightning

la tempesta
storm

la foschia
mist

la nebbia
fog

l'arcobaleno
rainbow

il ghiacciolo
icicle

la neve
snow

il gelo
frost

il ghiaccio
ice

la gelata
freeze

l'uragano
hurricane

il tornado
tornado

il monsone
monsoon

l'inondazione
flood

le rocce • rocks

igneo • igneous

il granito
granite

l'ossidiana
obsidian

il basalto
basalt

la pomice
pumice

sedimentario • sedimentary

l'arenaria
sandstone

il calcare
limestone

il gesso
chalk

la selce
flint

il conglomerato
conglomerate

il carbone
coal

metamorfico
metamorphic

l'ardesia
slate

lo scisto
schist

lo gneiss
gneiss

il marmo
marble

le gemme • gems

il rubino
ruby

l'ametista
amethyst

il giaietto
jet

l'opale
opal

la lunaria
moonstone

il diamante
diamond

il granato
garnet

il topazio
topaz

l'acquamarina
aquamarine

la giada
jade

lo smeraldo
emerald

lo zaffiro
sapphire

la tormalina
tourmaline

i minerali • minerals

il quarzo
quartz

la mica
mica

lo zolfo
sulfur

l'ematite
hematite

la calcite
calcite

la malachite
malachite

il turchese
turquoise

l'onice
onyx

l'agata
agate

la grafite
graphite

i metalli • metals

l'oro
gold

l'argento
silver

il platino
platinum

il nichel
nickel

il ferro
iron

il rame
copper

lo stagno
tin

l'alluminio
aluminum

il mercurio
mercury

lo zinco
zinc

gli animali • animals (1)

i mammiferi • mammals

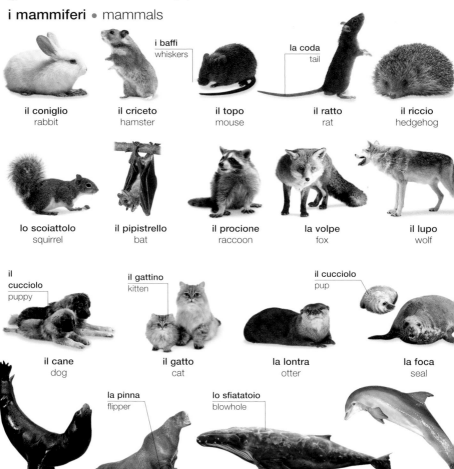

il coniglio
rabbit

il criceto
hamster

i baffi
whiskers

il topo
mouse

la coda
tail

il ratto
rat

il riccio
hedgehog

lo scoiattolo
squirrel

il pipistrello
bat

il procione
raccoon

la volpe
fox

il lupo
wolf

il cucciolo
puppy

il cane
dog

il gattino
kitten

il gatto
cat

la lontra
otter

il cucciolo
pup

la foca
seal

il leone marino
sea lion

la pinna
flipper

il tricheco
walrus

lo sfiatatoio
blowhole

la balena
whale

il delfino
dolphin

le corna
antler

la criniera
mane

la gobba
hump

il cervo
deer

la zebra
zebra

lo zoccolo
hoof

la giraffa
giraffe

il cammello
camel

la proboscide
trunk

la zanna
tusk

il corno
horn

l'ippopotamo
hippopotamus

l'elefante
elephant

il rinoceronte
rhinoceros

la tigre
tiger

la criniera
mane

il leone
lion

la scimmia
monkey

il gorilla
gorilla

il koala
koala

il marsupio
pouch

il panda
panda

l'artiglio
claw

il canguro
kangaroo

l'orso
bear

l'orso polare
polar bear

gli animali • animals (2)

gli uccelli • birds

il canarino
canary

il passero
sparrow

il colibrì
hummingbird

la coda
tail

la rondine
swallow

la cornacchia
crow

il piccione
pigeon

il picchio
woodpecker

il falco
falcon

il gufo
owl

il gabbiano
gull

l'aquila
eagle

il pellicano
pelican

il fenicottero
flamingo

la cicogna
stork

la gru
crane

il pinguino
penguin

lo struzzo
ostrich

l'oca | goose

il cigno
swan

il pavone
peacock

il fagiano
pheasant

il tacchino
turkey

il cacatua
cockatoo

il becco
beak

la piuma
feather

l'ala
wing

l'artiglio
claw

il pappagallo
parrot

i rettili • reptiles

le scaglie
scales

l'alligatore
alligator

la lucertola
lizard

l'iguana
iguana

il guscio
shell

la testuggine
turtle

la tartaruga
tortoise

il serpente
snake

il muso
snout

il coccodrillo
crocodile

gli animali • animals (3)

gli anfibi • amphibians

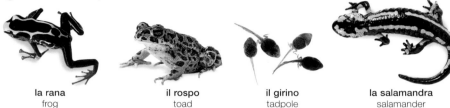

la rana
frog

il rospo
toad

il girino
tadpole

la salamandra
salamander

i pesci • fish

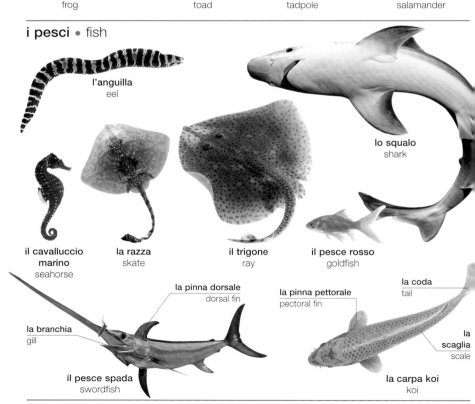

l'anguilla
eel

lo squalo
shark

il cavalluccio marino
seahorse

la razza
skate

il trigone
ray

il pesce rosso
goldfish

la pinna dorsale
dorsal fin

la coda
tail

la pinna pettorale
pectoral fin

la branchia
gill

la scaglia
scale

il pesce spada
swordfish

la carpa koi
koi

gli invertebrati • invertebrates

la formica
ant

la termite
termite

l'ape
bee

la vespa
wasp

lo scarafaggio
beetle

la blatta
cockroach

la falena
moth

l'antenna
antenna

la farfalla
butterfly

il bozzolo
cocoon

il bruco
caterpillar

il grillo
cricket

la cavalletta
grasshopper

la mantide religiosa
praying mantis

il pungiglione
sting

lo scorpione
scorpion

il millepiedi
centipede

la libellula
dragonfly

la mosca
fly

la zanzara
mosquito

la coccinella
ladybug

il ragno
spider

la lumaca
slug

la chiocciola
snail

il verme
worm

la stella di mare
starfish

la cozza
mussel

il granchio
crab

l'aragosta
lobster

la piovra
octopus

il calamaro
squid

la medusa
jellyfish

le piante • plants

l'albero • tree

il ramo
branch

la foglia
leaf

il ramoscello
twig

il salice
willow

la corteccia
bark

il tronco
trunk

la radice
root

la quercia
oak

il pioppo
poplar

l'eucalipto
eucalyptus

il larice
larch

il faggio
beech

la betulla
birch

il pino
pine

il cedro
cedar

l'acero
maple

l'olmo
elm

il tiglio
lime

l'agrifoglio
holly

la bacca
berry

la palma
palm

la pianta da fiori • flowering plant

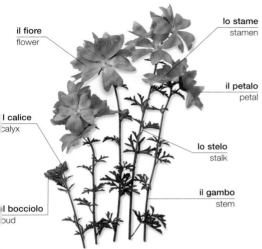

il fiore
flower

lo stame
stamen

il petalo
petal

l calice
calyx

lo stelo
stalk

il gambo
stem

l bocciolo
bud

il ranuncolo
buttercup

la margherita
daisy

il cardo
thistle

il dente di leone
dandelion

l'erica
heather

il papavero
poppy

la digitale
foxglove

il caprifoglio
honeysuckle

il girasole
sunflower

il trifoglio
clover

i giacinti di bosco
bluebells

la primula
primrose

i lupini
lupines

l'ortica
nettle

la città • city

il vicolo	il caseggiato	la strada	la colonnina	la piazza	il negozio
alley	apartment block	street	barrier	square	store

	il lampione	il ciglio	il marciapiede	il parcheggio	il senso unico
	streetlight	curb	sidewalk	parking lot	one-way system

l'angolo della strada
street corner

gli edifici • buildings

il municipio
town hall

la biblioteca
library

il cinema
movie theater

il teatro
theater

l'università
university

il grattacielo
skyscraper

la scuola
school

le zone • areas

la zona industriale
industrial park

il centro
downtown

la periferia
suburb

il villaggio
village

---

vocabolario • vocabulary

la zona pedonale pedestrian zone	**la via laterale** side street	**il tombino** manhole	**la cunetta** gutter	**il canale di scolo** drain
il viale avenue	**il complesso di uffici** office block	**la fermata dell'autobus** bus stop	**la fabbrica** factory	**la chiesa** church

l'archittettura • architecture

edifici e strutture • buildings and structures

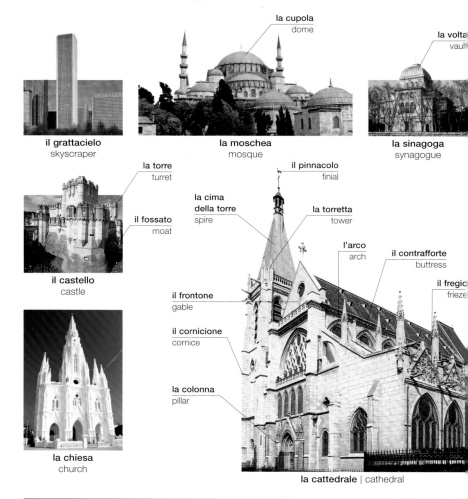

la cupola
dome

la volta
vault

il grattacielo
skyscraper

la moschea
mosque

la sinagoga
synagogue

la torre
turret

il pinnacolo
finial

**la cima
della torre**
spire

la torretta
tower

il fossato
moat

l'arco
arch

il contrafforte
buttress

il castello
castle

il fregio
frieze

il frontone
gable

il cornicione
cornice

la colonna
pillar

la chiesa
church

la cattedrale | cathedral

l'architrave

il tempio
temple

la diga
dam

il ponte
bridge

gli stili • styles

gotico
Gothic

l'architrave
architraver

rinascimentale
Renaissance

barocco
Baroque

il coro
choir

rococò
Rococo

il frontone
pediment

neoclassico
Neoclassical

art nouveau
Art Nouveau

art déco
Art Deco

i dati
reference

l'ora • time

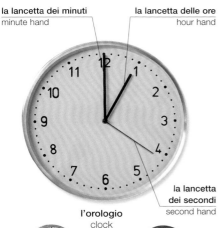

la lancetta dei minuti
minute hand

la lancetta delle ore
hour hand

la lancetta
dei secondi
second hand

l'orologio
clock

vocabolario • vocabulary

il secondo second	**adesso** now	**un quarto d'ora** a quarter of an hour
il minuto minute	**più tardi** later	**venti minuti** twenty minutes
l'ora hour	**mezzora** half an hour	**quaranta minuti** forty minutes

Che ore sono?
What time is it?

Sono le tre.
It's three o'clock.

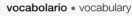

l'una e cinque
five past one

l'una e dieci
ten past one

l'una e un quarto
quarter past one

l'una e venti
twenty past one

l'una e venticinque
twenty five past one

l'una e trenta
one thirty

**le due meno
venticinque**
twenty five to two

le due meno venti
twenty to two

le due meno un quarto
quarter to two

le due meno dieci
ten to two

le due meno cinque
five to two

le due
two o'clock

la notte e il giorno • night and day

la mezzanotte
midnight

il sorgere del sole
sunrise

l'alba
dawn

il mattino
morning

il tramonto
sunset

il mezzogiorno
noon

l'imbrunire
dusk

la sera
evening

il pomeriggio
afternoon

vocabolario • vocabulary

presto early	**Sei in anticipo.** You're early.	**Per favore, vieni in orario.** Please be on time.	**A che ora finisce?** What time does it end?
in orario on time	**Sei in ritardo.** You're late.	**A più tardi.** I'll see you later.	**Quanto durerà?** How long will it last?
tardi late	**Arrivo subito.** I'll be there soon.	**A che ora inizia?** What time does it start?	**Si sta facendo tardi.** It's getting late.

il calendario • calendar

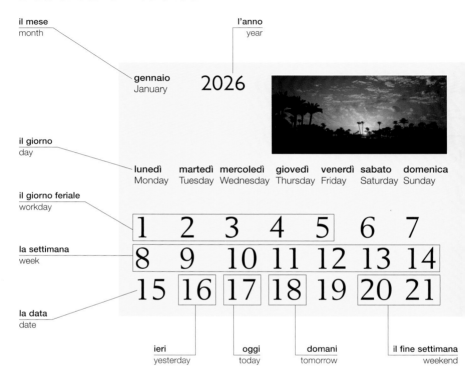

il mese
month

l'anno
year

gennaio
January

2026

il giorno
day

il giorno feriale
workday

la settimana
week

la data
date

lunedì	**martedì**	**mercoledì**	**giovedì**	**venerdì**	**sabato**	**domenica**
Monday	Tuesday	Wednesday	Thursday	Friday	Saturday	Sunday
1	2	3	4	5	6	7
8	9	10	11	12	13	14
15	16	17	18	19	20	21

ieri
yesterday

oggi
today

domani
tomorrow

il fine settimana
weekend

---

vocabolario • vocabulary

gennaio January	**marzo** March	**maggio** May	**luglio** July	**settembre** September	**novembre** November
febbraio February	**aprile** April	**giugno** June	**agosto** August	**ottobre** October	**dicembre** December

---

gli anni • years

1900 millenovecento • nineteen hundred

1901 millenovecentouno • nineteen oh one

1910 millenovecentodieci • nineteen ten

2000 duemila • two thousand

2001 duemilauno • two thousand and one

le stagioni • seasons

la primavera
spring

l'estate
summer

l'autunno
fall

l'inverno
winter

vocabolario • vocabulary

il secolo
century

la decade
decade

il millennio
millennium

quindici giorni
two weeks

questa settimana
this week

la settimana scorsa
last week

la settimana prossima
next week

l'altroieri
the day before yesterday

il dopodomani
the day after tomorrow

settimanale
weekly

mensile
monthly

annuo
annual

Oggi che giorno è?
What's the date today?

È il sette febbraio.
It's February the seventh.

i numeri • numbers

0	**zero** • zero		20	**venti** • twenty
1	**uno** • one		21	**ventuno** • twenty-one
2	**due** • two		22	**ventidue** • twenty-two
3	**tre** • three		30	**trenta** • thirty
4	**quattro** • four		40	**quaranta** • forty
5	**cinque** • five		50	**cinquanta** • fifty
6	**sei** • six		60	**sessanta** • sixty
7	**sette** • seven		70	**settanta** • seventy
8	**otto** • eight		80	**ottanta** • eighty
9	**nove** • nine		90	**novanta** • ninety
10	**dieci** • ten		100	**cento** • one hundred
11	**undici** • eleven		110	**centodieci** • one hundred ten
12	**dodici** • twelve		200	**duecento** • two hundred
13	**tredici** • thirteen		300	**trecento** • three hundred
14	**quattordici** • fourteen		400	**quattrocento** • four hundred
15	**quindici** • fifteen		500	**cinquecento** • five hundred
16	**sedici** • sixteen		600	**seicento** • six hundred
17	**diciassette** • seventeen		700	**settecento** • seven hundred
18	**diciotto** • eighteen		800	**ottocento** • eight hundred
19	**diciannove** • nineteen		900	**novecento** • nine hundred

italiano • english

1,000	**mille** • one thousand
10,000	**diecimila** • ten thousand
20,000	**ventimila** • twenty thousand
50,000	**cinquantamila** • fifty thousand
55,500	**cinquantacinquemilacinquecento** • fifty-five thousand five hundred
100,000	**centomila** • one hundred thousand
1,000,000	**un milione** • one million
1,000,000,000	**un miliardo** • one billion

primo m
prima f
first

secondo m
seconda f
second

terzo m
terza f
third

quarto m
quarta f
fourth

quinto m
quinta f
fifth

sesto m
sesta f
sixth

settimo m
settima f
seventh

ottavo m
ottava f
eighth

nono m / **nona** f
ninth

decimo m
decima f
tenth

undicesimo m
undicesima f
eleventh

dodicesimo m
dodicesima f
twelfth

tredicesimo m
tredicesima f
thirteenth

quattordicesimo m
quattordicesima f
fourteenth

quindicesimo m
quindicesima f
fifteenth

sedicesimo m / **sedicesima** f
sixteenth

diciassettesimo m
diciassettesima f
seventeenth

diciottesimo m
diciottesima f
eighteenth

diciannovesimo m
diciannovesima f
nineteenth

ventesimo m / **ventesima** f
twentieth

ventunesimo m
ventunesima f
twenty-first

ventiduesimo m
ventiduesima f
twenty-second

ventitreesimo m
ventitreesima f
twenty-third

trentesimo m
trentesima f
thirtieth

quarantesimo m
quarantesima f
fortieth

cinquantesimo m
cinquantesima f
fiftieth

sessantesimo m
sessantesima f
sixtieth

settantesimo m
settantesima f
seventieth

ottantesimo m
ottantesima f
eightieth

novantesimo m
novantesima f
ninetieth

centesimo m
centesima f
(one) hundredth

i pesi e le misure • weights and measures

la superficie • area

il piede quadro
square foot

il metro quadro
square meter

la distanza
distance

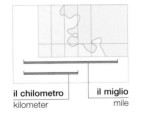

il chilometro
kilometer

il miglio
mile

il piatto
pan

la libbra
pound

il chilogrammo
kilogram

l'oncia
ounce

il grammo
gram

la bilancia | scale

---

vocabolario • vocabulary

la iarda yard	**la tonnellata** ton	**misurare** measure (v)
il metro meter	**il milligrammo** milligram	**pesare** weigh (v)

---

la lunghezza • length

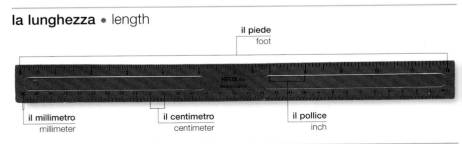

il piede
foot

il millimetro
millimeter

il centimetro
centimeter

il pollice
inch

la capacità • capacity

il mezzo litro
half-liter

la pinta
pint

il volume
volume

il millilitro
milliliter

la brocca graduata
measuring cup

la misura di capacità
liquid measure

> **vocabolario**
> vocabulary
>
> **il gallone**
> gallon
>
> **il quarto di gallone**
> quart
>
> **il litro**
> liter

il contenitore • container

il cartone
carton

il pacchetto
packet

la bottiglia
bottle

il sacchetto
bag

la vaschetta | tub

il barattolo | jar

la scatoletta | tin

il nebulizzatore
spray bottle

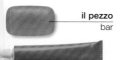

il pezzo
bar

il tubetto
tube

il rotolo
roll

la lattina
can

la bomboletta spray
spray can

il mappamondo • world map

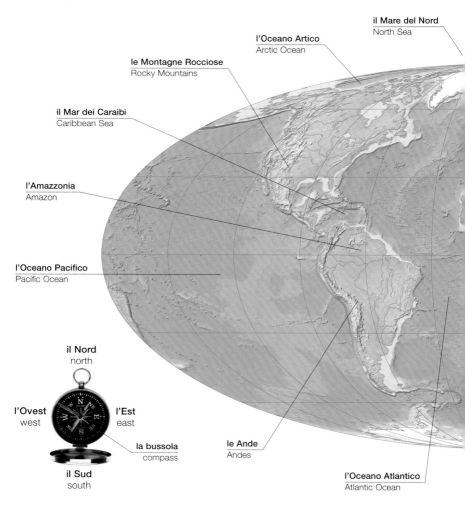

il Mare del Nord
North Sea

l'Oceano Artico
Arctic Ocean

le Montagne Rocciose
Rocky Mountains

il Mar dei Caraibi
Caribbean Sea

l'Amazzonia
Amazon

l'Oceano Pacifico
Pacific Ocean

il Nord
north

l'Ovest
west

l'Est
east

la bussola
compass

il Sud
south

le Ande
Andes

l'Oceano Atlantico
Atlantic Ocean

italiano • english

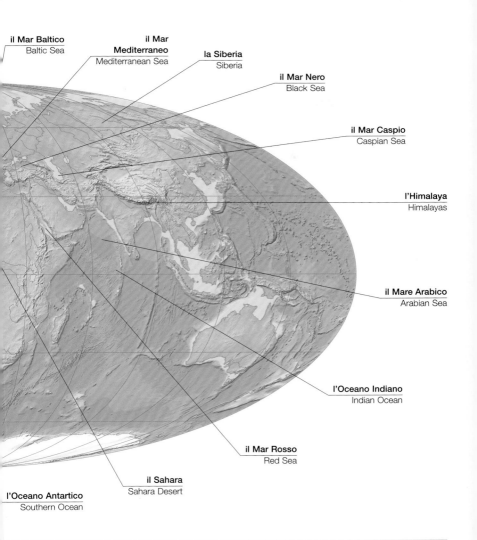

il Mar Baltico
Baltic Sea

il Mar Mediterraneo
Mediterranean Sea

la Siberia
Siberia

il Mar Nero
Black Sea

il Mar Caspio
Caspian Sea

l'Himalaya
Himalayas

il Mare Arabico
Arabian Sea

l'Oceano Indiano
Indian Ocean

il Mar Rosso
Red Sea

il Sahara
Sahara Desert

l'Oceano Antartico
Southern Ocean

italiano • english

l'America del Nord e Centrale
North and Central America

Barbados • Barbados

il Canada • Canada

il Costa Rica • Costa Rica

Cuba • Cuba

la Giamaica • Jamaica

il Messico • Mexico

il Panama • Panama

Trinidad e Tobago
Trinidad and Tobago

gli Stati Uniti d'America
United States of America

Antigua e Barbuda
Antigua and Barbuda

le Bahamas • Bahamas

Barbados • Barbados

il Belize • Belize

il Canada • Canada

il Costa Rica • Costa Rica

Cuba • Cuba

Dominica • Dominica

l'El Salvador • El Salvador

la Giamaica • Jamaica

Grenada • Grenada

la Groenlandia • Greenland

il Guatemala • Guatemala

Haiti • Haiti

le Hawaii • Hawaii

l'Honduras • Honduras

il Messico • Mexico

il Nicaragua • Nicaragua

il Panama • Panama

Puerto Rico • Puerto Rico

la Repubblica Dominicana
Dominican Republic

Saint Kitts-Nevis
St. Kitts and Nevis

Saint Lucia • St. Lucia

Saint Vincent e Grenadine
St. Vincent and the Grenadines

gli Stati Uniti d'America
United States of America

Trinidad e Tobago
Trinidad and Tobago

l'America del Sud • South America

l'Argentina • Argentina

la Bolivia • Bolivia

il Brasile • Brazil

il Cile • Chile

la Colombia • Colombia

l'Ecuador • Ecuador

il Perù • Peru

l'Uruguay • Uruguay

il Venezuela • Venezuela

l'Argentina • Argentina
la Bolivia • Bolivia
il Brasile • Brazil
il Cile • Chile
la Colombia • Colombia
l'Ecuador • Ecuador
la Guyana • Guyana
la Guyana Francese
French Guiana
le Isole Falkland
Falkland Islands
le Isole Galapagos
Galápagos Islands

il Paraguay • Paraguay
il Perù • Peru
il Suriname • Suriname
l'Uruguay • Uruguay
il Venezuela • Venezuela

vocabolario • vocabulary

il paese country	**il principato** principality
la nazione nation	**la colonia** colony
lo stato state	**il distretto** district
il continente continent	**la zona** zone
la provincia province	**la regione** region
il territorio territory	**la capitale** capital

l'Europa • Europe

la **Francia** • France

la **Germania** • Germany

l'**Italia** • Italy

la **Polonia** • Poland

il **Portogallo** • Portugal

la **Spagna** • Spain

l'**Albania** • Albania

Andorra • Andorra

l'**Austria** • Austria

il **Belgio** • Belgium

la **Bielorussia** • Belarus

la **Bosnia ed Erzegovina**
Bosnia and Herzegovina

la **Bulgaria** • Bulgaria

Cipro • Cyprus

la **Città del Vaticano**
Vatican City

la **Corsica** • Corsica

la **Croazia** • Croatia

la **Danimarca** • Denmark

l'**Estonia** • Estonia

la **Federazione Russa**
Russian Federation

la **Finlandia** • Finland

la **Francia** • France

il **Galles** • Wales

la **Germania** • Germany

la **Grecia** • Greece

l'**Inghilterra** • England

l'**Irlanda** • Ireland

l'**Irlanda del Nord**
Northern Ireland

l'**Islanda** • Iceland

le **Isole Baleari** • Balearic Islands

l'**Italia** • Italy

la **Lettonia** • Latvia

il **Liechtenstein** • Liechtenstein

la **Lituania** • Lithuania

il **Lussemburgo** • Luxembourg

Kaliningrad • Kaliningrad

il **Kosovo** • Kosovo

la **Macedonia del Nord**
North Macedonia

Malta • Malta

la **Moldavia** • Moldova

Monaco • Monaco

Montenegro • Montenegro

la **Norvegia** • Norway

i **Paesi Bassi** • Netherlands

la **Polonia** • Poland

il **Portogallo** • Portugal

il **Regno Unito** • United Kingdom

la **Repubblica Ceca**
Czech Republic

la **Romania** • Romania

San Marino • San Marino

la **Sardegna** • Sardinia

la **Scozia** • Scotland

la **Serbia** • Serbia

la **Sicilia** • Sicily

la **Slovacchia** • Slovakia

la **Slovenia** • Slovenia

la **Spagna** • Spain

la **Svezia** • Sweden

la **Svizzera** • Switzerland

l'**Ucraina** • Ukraine

l'**Ungheria** • Hungary

l'Africa • Africa

l'Egitto • Egypt

l'Etiopia • Ethiopia

il Kenya • Kenya

la Nigeria • Nigeria

il Sud Africa • South Africa

l'Uganda • Uganda

l'Algeria • Algeria

l'Angola • Angola

il Benin • Benin

il Botswana • Botswana

il Burkina Faso • Burkina Faso

il Burundi • Burundi

il Camerun • Cameroon

il Ciad • Chad

le Comore • Comoros

il Congo • Congo

la Costa d'Avorio • Ivory Coast

l'Egitto • Egypt

l'Eritrea • Eritrea

l'Eswatini • Eswatini

l'Etiopia • Ethiopia

il Gabon • Gabon

il Gambia • Gambia

il Ghana • Ghana

Gibuti • Djibouti

la Guinea • Guinea

la Guinea-Bissau
Guinea-Bissau

la Guinea Equatoriale
Equatorial Guinea

il Kenya • Kenya

il Lesotho • Lesotho

la Liberia • Liberia

la Libia • Libya

il Madagascar
Madagascar

il Malawi • Malawi

il Mali • Mali

il Marocco • Morocco

la Mauritania • Mauritania

Mauritius • Mauritius

il Mozambico • Mozambique

la Namibia • Namibia

il Niger • Niger

la Nigeria • Nigeria

la Repubblica Centrafricana
Central African Republic

la Repubblica Democratica del Congo
Democratic Republic of the Congo

il Ruanda • Rwanda

il Sahara Occidentale
Western Sahara

São Tomé e Príncipe
São Tomé and Príncipe

il Senegal • Senegal

Sierra Leone • Sierra Leone

la Somalia • Somalia

il Sud Africa • South Africa

il Sudan • Sudan

il Sudan del Sud • South Sudan

la Tanzania • Tanzania

il Togo • Togo

la Tunisia • Tunisia

l'Uganda • Uganda

lo Zambia • Zambia

lo Zimbabwe • Zimbabwe

l'Asia • Asia

il Bangladesh • Bangladesh

la Cina • China

l'India • India

il Giappone • Japan

la Giordania • Jordan

le Filippine • Philippines

la Corea del Sud • South Korea

la Tailandia • Thailand

la Turchia • Türkiye (Turkey)

l'Afghanistan • Afghanistan
l'Arabia Saudita • Saudi Arabia
l'Armenia • Armenia
l'Azerbaigian • Azerbaijan
il Bahrain • Bahrain
il Bangladesh • Bangladesh
il Bhutan • Bhutan
Brunei • Brunei
la Cambogia • Cambodia
la Cina • China
la Corea del Nord • North Korea
la Corea del Sud • South Korea
gli Emirati Arabi Uniti
United Arab Emirates
le Filippine • Philippines

la Georgia • Georgia
il Giappone • Japan
la Giordania • Jordan
l'India • India
l'Indonesia • Indonesia
l'Iran • Iran
l'Iraq • Iraq
l'Israele • Israel
il Kazakistan • Kazakhstan
il Kirghizistan • Kyrgyzstan
il Kuwait • Kuwait
il Laos • Laos
il Libano • Lebanon
la Malaysia • Malaysia
le Maldive • Maldives

la Mongolia • Mongolia
il Myanmar (la Birmania)
Myanmar (Burma)
il Nepal • Nepal
l'Oman • Oman
il Pakistan • Pakistan
il Qatar • Qatar
Singapore • Singapore
la Siria • Syria
lo Sri Lanka • Sri Lanka
il Tagikistan • Tajikistan
la Tailandia • Thailand
Timor Est • East Timor
la Turchia • Türkiye (Turkey)
il Turkmenistan • Turkmenistan

l'Indonesia • Indonesia

l'Arabia Saudita • Saudi Arabia

il Vietnam • Vietnam

l'Uzbekistan • Uzbekistan
il Vietnam • Vietnam
lo Yemen • Yemen

l'Oceania
Oceania

l'Australia • Australia

la Nuova Zelanda • New Zealand

l'Australia • Australia
Figi • Fiji
le Isole Salomone • Solomon Islands
la Nuova Zelanda • New Zealand
la Papua Nuova Guinea • Papua New Guinea
la Tasmania • Tasmania
Vanuatu • Vanuatu

particelle e antonimi • particles and antonyms

a to	**da** from	**per** for	**verso** toward
sopra over	**sotto** under	**lungo** along	**attraverso** across
davanti in front of	**dietro** behind	**con** with	**senza** without
sopra onto	**dentro** into	**prima** before	**dopo** after
dentro in	**fuori** out	**entro** by	**fino** until
sopra above	**sotto** below	**di buon'ora** early	**in ritardo** late
all'interno inside	**all'esterno** outside	**adesso** now	**più tardi** later
su up	**giù** down	**sempre** always	**mai** never
a at	**oltre** beyond	**sovente** often	**raramente** rarely
attraverso through	**attorno** around	**ieri** yesterday	**domani** tomorrow
in cima on top of	**accanto** beside	**primo** *m* / **prima** *f* first	**ultimo** *m* / **ultima** *f* last
tra between	**di fronte** opposite	**tutti** *m* / **tutte** *f* every	**alcuni** *m* / **alcune** *f* some
vicino near	**lontano** far	**circa** about	**esattamente** exactly
qui here	**là** there	**un poco** a little	**molto** *m* / **molta** *f* a lot

grande large	**piccolo** m / **piccola** f small	**caldo** m / **calda** f hot	**freddo** m / **fredda** f cold
largo m / **larga** f wide	**stretto** m / **stretta** f narrow	**aperto** m / **aperta** f open	**chiuso** m / **chiusa** f closed
alto m / **alta** f tall	**corto** m / **corta** f short	**pieno** m / **piena** f full	**vuoto** m / **vuota** f empty
alto m / **alta** f high	**basso** m / **bassa** f low	**nuovo** m / **nuova** f new	**vecchio** m / **vecchia** f old
spesso m / **spressa** f thick	**sottile** thin	**chiaro** m / **chiara** f light	**scuro** m / **scura** f dark
leggero m / **leggera** f light	**pesante** heavy	**facile** easy	**difficile** difficult
duro m / **dura** f hard	**morbido** m / **morbida** f soft	**libero** m / **libera** f free	**occupato** m / **occupada** f occupied
bagnato m / **bagnata** f wet	**asciutto** m / **asciutta** f dry	**forte** strong	**debole** weak
buono m / **buona** f good	**cattivo** m / **cattiva** f bad	**grasso** m / **grassa** f fat	**magro** m / **magra** f thin
veloce fast	**lento** m / **lenta** f slow	**giovane** young	**vecchio** m / **vecchia** f old
giusto m / **giusta** f correct	**sbagliato** m / **sbagliata** f wrong	**migliore** better	**peggiore** worse
pulito m / **pulita** f clean	**sporco** m / **sporca** f dirty	**nero** m / **nera** f black	**bianco** m / **bianca** f white
bellissimo m **bellissima** f beautiful	**brutto** m **brutta** f ugly	**interessante** interesting	**noioso** m / **noiosa** f boring
caro m / **cara** f expensive	**a buon prezzo** cheap	**malato** m / **malata** f sick	**bene** well
silenzioso m **silenziosa** f quiet	**rumoroso** m **rumoroso** f noisy	**l'inizio** beginning	**la fine** end

frasi utili • useful phrases

frasi essenziali
essential
phrases

Sì
Yes

No
No

Forse
Maybe

Per favore
Please

Grazie
Thank you

Prego
You're welcome

Mi scusi
Excuse me

Mi dispiace
I'm sorry

No
Don't

D'accordo
OK

Vabbene
That's fine

È giusto
That's correct

È sbagliato
That's wrong

saluti • greetings

Buongiorno
Hello

Arrivederci
Goodbye

Buongiorno
Good morning

Buon pomeriggio
Good afternoon

Buona sera
Good evening

Buona notte
Good night

Come sta?
How are you?

Mi chiamo…
My name is…

Come si chiama?
What is your name?

**Come si chiama
lui / lei?**
What is his / her
name?

Le presento…
May I introduce…

Questo è…
This is…

Piacere di conoscerla
Pleased to meet you

A più tardi
See you later

insegne • signs

**Ufficio informazioni
turistiche**
Tourist information

Entrata
Entrance

Uscita
Exit

Uscita di emergenza
Emergency exit

Spingere
Push

Pericolo
Danger

Vietato fumare
No smoking

Guasto
Out of order

Orario di apertura
Opening times

**Ingresso
libero**
Free admission

Ridotto
Reduced

Saldi
Sale

**Accesso con sedia
a rotella**
Wheelchair access

aiuto • help

Mi può aiutare?
Can you help me?

Non capisco
I don't understand

Non lo so
I don't know

Parla inglese?
Do you speak
English?

Parlo inglese
I speak English

Parli più lentamente
Please speak more
slowly

**Me lo scriva,
per favore**
Please write it down
for me

Sono sordo *f*
Sono sorda *m*
I am deaf

Sono cieco *f*
sono cieca *m*
I am blind

Ho perso…
I have lost…

indicazioni
directions

Mi sono perso / a
I am lost

Dov'è il / la… ?
Where is the… ?

Dov'è il / la … più vicino / a?
Where is the nearest… ?

Dov'è il bagno?
Where is the restroom?

Come si arriva a… ?
How do I get to… ?

A destra
To the right

A sinistra
To the left

Sempre dritto
Straight ahead

Giri a destra
Keep right

Quant'è lontano… ?
How far is… ?

i cartelli stradali
road signs

Attenzione
Caution

Ingresso vietato
Do not enter

Rallentare
Slow down

Deviazione
Detour

Autostrada
Freeway

Sosta vietata
No parking

Divieto di transito
Dead end

Senso unico
One-way street

Dare la precedenza
Yield

Escluso residenti
Residents only

Lavori in corso
Roadwork

curva pericolosa
Dangerous curve

alloggio
accommodations

Ho una prenotazione
I have a reservation

A che ora è la colazione?
What time is breakfast?

Dov'è la sala da pranzo?
Where is the dining room?

Tornerò alle…
I'll be back at… o'clock

Parto domani
I'm leaving tomorrow

cibo e bevande
eating and drinking

Salute!
Cheers!

È buonissimo / disgustoso
It's delicious / awful

Non bevo / fumo
I don't drink / smoke

Non mangio la carne
I don't eat meat

Per me basta, grazie
No more for me, thank you

Posso prenderne ancora?
May I have some more?

Il conto, per favore.
May we have the check?

Mi dà una ricevuta?
Can I have a receipt?

Area fumatori
Smoking area

la salute • health

Non mi sento bene
I don't feel well

Ho la nausea
I feel sick

Starà bene?
Will he / she be all right?

Mi fa male qui
It hurts here

Ho la febbre
I have a fever

Sono incinta di… mesi
I'm… months pregnant

Avrei bisogno di una ricetta per…
I need a prescription for…

Generalmente prendo…
I normally take…

Sono allergico a…
I'm allergic to…

Indice italiano • Italian index

italiano

italiano

italiano

italiano

italiano

magma m 283
magnesio m 109
magro m / magra f 321
maiale m 118, 185
maialino m 185
maionese f 135
mais m 124
malachite f 289
malato m / malata f 321
malattia f 44
malattia sessualmente
   trasmissibile f 20
Malawi 317
Malaysia 319
mal di denti m 50
mal di stomaco m 44
mal di testa m 44
Maldive 318
Mali 317
Malta 316
malta f 83, 187
mammiferi m 290
manchego m 142
mandarino m 126
mandato m 180
mandibola f 14, 17
mandorla f 129, 151
mandorla brasiliana f 129
mandria f 183
mandrino m 78
manette f 94
manganello m 94
mangiare 64
mangiare sul posto 154
mangiatoia f 183
mango m 128
manica f 34
manichino m 276
manici m 37
manico m 36, 88, 106,
   187, 258
manicotto m 45
manicure f 41
maniglia f 196, 200
mannaia f 68
mano f 13, 15
mano di fondo f 83
mano finale f 83
manopola di messa a
   fuoco f 167
mantello m 282
mantide religiosa f 295
manuale 200
manubri m 250
manubrio m 207, 251
manzo m 118
napo m 126
nappa f 261
nappa della
   metropolitana f 209
nappamondo m 312
naracas m 257
naratona f 234
Mar Baltico m 313
narca di bordo libero f
   214
narcare 227
narce f 206

marciapiede m 298
marcio m / marcia f 127
Mar dei Caraibi m 312
mare 264, 282
Mare Arabico m 313
Mare del Nord m 312
margarina f 137
margherita f 110, 297
marinaio m / marinaia f
   189
marinato m / marinata f
   143, 159
marito m 22
Mar Mediterraneo m 313
marmellata f 134, 156
marmellata di agrumi f
   134, 156
marmellata di lamponi f
   134
marmo m 288
Mar Nero m 313
Marocco 317
marrone 274
Mar Rosso m 313
marsupio m 75, 291
Marte 280
martedì 306
martello m 68, 79,
   80, 275
martello pneumatico
   m 187
martini m 151
marzapane m 141
marzo 306
mascara m 40
maschera f 228, 236,
   239, 249
maschera di bellezza f
   41
maschera protettiva f
   225
mascherina f 109, 189
maschili 21
masonite f 79
massaggio m 54
mass media m 178
masters m 169
matassa f 277
matematica f 162, 164
materassino m 74, 267
materassino gonfiabile m
   267
materasso m 70, 74
materiali m 79, 187
maternità f 49
matita f 163, 275
matita per le labbra f 40
matita per gli occhi f 40
matita per le sopracciglia f
   40
matrigna f 23
matrimonio m 26, 35
matterello m 69
mattino m 305
mattone m 187
mattone di cemento m
   187
maturo m / matura f 129
Mauritius 317

mazza f 187, 224, 225,
   228, 249
mazza da hockey f 224
mazza di ferro f 233
mazza di legno f 233
mazza ricurva f 233
mazze da golf f 233
mazzetto m 111
mazzetto odoroso m
   132
mazzo di carte m 273
mazzo di fiori m 111
MDF m 79
meccanica f 202
meccanico m /
   meccanica f 188, 203
medaglie f 235
medicamento m 109
medicina f 109, 169
medicina aiurvedica f 55
medicina per la tosse f
   108
medio m 15
meditazione f 54
medusa f 295
mela f 126
mela cotogna f 128
melagrana f 128
melanzana f 125
melodia f 259
melone m 127
memoria f 176
meno 165
mensile 307
mensola f 66
menta f 133
mentina f 113
mento m 14
menù m 148, 153, 154
menù del pranzo m 152
menù della cena m 152
menù per bambini m 153
mercato m 115
merceria f 105
mercoledì 306
Mercurio 280
mercurio m 289
meridiana f 262
meringa f 140
merlano m 120
merluzzo m 120
mescolare 138, 273
mese m 306
mesosfera f 286
messaggio (SMS) m 99
messaggio vocale m 99
messa in fase f 203
Messico 314
mestieri m 188, 190
mestolo m 68
mestruazione f 20
meta f 221
metacarpo m 17
metalli m 289
metallo m 79
metamorfico 288
metatarso m 17

meteora f 280
metodi m 159
metro m 310
metro a nastro m 80,
   276
metropolitana f 208
metro quadro m 310
mettere a bagno 130
mettere a fuoco 271
mettere in piega 38
mettere la sveglia 71
mezza pensione f 101
mezzaluna f 280
mezzanotte f 305
mezzo litro m 311
mezzogiorno m 305
mezzopunto m 277
mica f 289
microfono m 179, 258
microscopio m 167
miele chiaro m 134
miele cristallizzato m 134
mietitrebbiatrice f 182
miglio m 130, 310
mignolo m 15
mignolo del piede m 15
miliardo 309
milione m 309
mille 309
millennio m 307
millenovecento 307
millenovecentodieci 307
millepiedi m 295
milligrammo m 310
millilitro m 311
millimetro m 310
milza f 18
minerali m 289
minestra f 153, 158
minibar m 101
minuto m 304
miopia f 51
mirino m 271
mirtillo m 127
mirtillo rosso m 127
miscelatore m 150
mischia f 221
missile m 211
misura f 151
misura di capacità f 311
misurare 310
misuratore elettronico
   della pressione m 45
misure f 165
misurino m 69, 150
mittente m 98
mocassino m 37
moda f 277
modellismo m 275
modello m 190, 276
modello m / modella f
   169
moduli di versamento m
   96
modulo di prelievo m 96
modulo lunare m 281
moglie f 22
molare m 50
Moldavia 316

mollare l'ancora 217
molle del letto f 71
molletta f 76
molletta per il naso f 238
molo m 217
moltiplicare 165
moltiplicato per 165
Monaco 316
moneta f 97
mongolfiera f 211
Mongolia 318
monitor m 53, 172
Monopoly m 272
monorotaia f 208
monouso 109
monovolume f 199
monsone m 287
montagna f 284
Montagne Rocciose f 312
montagne russe f 262
montatura f 51
Montenegro 316
montgomery m 31
monumento m 261
mora f 127
mora-lampone f 127
morbido m / morbida f
   129, 321
morbillo m 44
mordente per legno m
   79
morire 26
morsa f 78
morsetto m 78, 166
morsetto a coccodrillo m
   167
morso m 46, 242
mortaio m 68, 167
mosca f 244, 295
moschea f 300
mossa f 273
mosse f 237
mostarda f 135
mostarda con semi f 135
motocicletta f 204
motociclismo m 249
motocross m 249
moto da corsa f 205
moto da cross m 205
moto da turismo f 205
motore m 88, 202, 204,
   210
motore fuoribordo m 215
motorino m 205
motoscafo m 214
motoslitta f 247
mountain bike f 206
mouse m 176
mousse f 141
Mozambico 317
mozzarella f 142
mozzo m 206
mucca f 185
muffin m 140
mulinello m 214, 244
multivitamine f 109
mungere 183
municipio m 299
muro m 58, 186, 222

italiano

italiano

italiano

italiano

italiano

italiano

Indice inglese • English index

english

english

english

english

english

english

english

english

english

english

english

private jet 211
private room 48
probe 50
processed grains 130
procession 27
processor 176
producer 254
produce stand 114
professor 169
program 176, 254, 269
programming 178
propagate v 91
propeller 211, 214
proposal 174
prosciutto 143
prosecution 180
prostate 21
protractor 165
proud 25
prove v 139
province 315
prow 214
prune 129
prune v 91
pruners 89
psychiatry 49
psychotherapy 55
public address system
  209
public relations (PR)
  executive 189
puck 224
Puerto Rico 314
puff pastry 140
pull up v 251
pulp 127
pulse 47
pumice 288
pumice stone 73
pump 207
pumpkin 125
pumpkin seed 131
punch 237
punching bag 237
pup 290
pupil 51
puppy 290
purple 274
push-up 251
putt v 233
putter 233
putty knife 82
pyramid 164

Q

Qatar 318
quadriceps 16
quail 119
quail egg 137
quart 311
quarterdeck 214
quarter past one 304
quarter to two 304
quartz 289

quay 216
queen 272, 273
question 163
question v 163
quiche 142
quiche pan 69
quick cooking 130
quiet 321
quilt 71
quilting 277
quince 128
quinoa 130
quiver 249

R

rabbit 118, 290
raccoon 290
race 234
race-car driver 249
racecourse 243
racehorse 243
racing bike 205, 206
racing dive 239
rack 166
racket 230
racket games 231
racquetball 231
radar 214, 281
radiator 60, 202
radicchio 123
radio 177, 268
radio antenna 214
radiology 49
radio station 179
radish 124
radius 17, 164
rafter 186
rafting 241
rail 208
railcar 208
railroad network 209
rain 287
rain boots 31
rainbow 287
rainbow trout 120
raincoat 31, 32
rain fly 266
rain forest 285
rain gear 245, 267
raisin 129
rake 88
rake v 90
rally 230
rally driving 249
RAM 176
ramekin 69
rap 259
rapeseed 184
rapids 241, 284
rappelling 248
rarely 320
rash 44
raspberry 127
raspberry jam 134

rat 290
rattle 74
raw 124, 129
raw honey 134
ray 294
razor blade 73
razorshell clam 121
read v 162
reading light 210
reading list 168
reading room 168
real estate agent 190
real estate office 115
reamer 80
rear light 207
rearview mirror 198
rebound 226
receipt 152
receive v 177
reception 100
receptionist 100, 190
record 234, 268
recording studio 179
rectangle 164
rectum 21
recycling bin 61
red 39, 145, 274
red card 223
red currant 127
red eye 271
red kidney beans 131
red lentils 131
red meat 118
red mullet 120
Red Sea 313
reduce v 172
reduced-fat milk 136
reel 244
reel in v 245
referee 220, 222,
  226, 227
reference 304
referral 49
reflector 50, 204, 207
reflector strap 205
reflexology 54
refrigerator 67
reggae 259
region 315
regional office 175
registered mail 98
regulator 239
reheat v 154
reiki 55
reins 242
relationships 24
relatives 23
relaxation 55
relay race 235
release v 245
remote control 268
Renaissance 301
renew v 168
rent 58

rent v 58
repair kit 207
report 174
reporter 179
reproduction 20
reproductive 19
reproductive organs 20
reptiles 293
research 169
reserve v 168
residence hall 168
respiratory 19
rest 256
restaurant 101, 152
restroom 104
restrooms 266
result 49
resurfacing 187
resuscitation 47
retina 51
retire v 26
return 231
return address 98
reverse v 195
rewind 268
rhinoceros 291
rhombus 164
rhubarb 127
rhythmic gymnastics
  235
rib 17, 119
ribbon 27, 111,
  141, 235
rib cage 17
ribs 155
rice 130, 158, 184
rice pudding 140
rider 242
riding boot 242
riding crop 242
riding hat 242
rigging 240
right 260
right field 229
right-hand drive 201
rim 206
rind 119, 127, 136,
  142
ring 36
ring finger 15
rings 235
ring ties 89
rinse v 38, 76
ripe 129
rise v 139
river 284
road markings 194
road roller 187
roads 194
road signs 195
roadwork 187, 195,
  323
roast 158
roast v 67

roasted 129
robe 35, 38
rock climbing 248
rock concert 258
rock garden 84
rocks 284, 288
Rocky Mountains
  312
Rococo 301
rodeo 243
roll 139, 311
roll v 67
roller 83
rollerblading 263
roller blind 63
roller coaster 262
rolling pin 69
romance 255
Romania 316
romper 30
roof 58, 203
roof garden 84
roof rack 198
roof tile 187
rook 272
room 58
room number 100
rooms 100
room service 101
rooster 185
root 50, 124, 296
roots 39
rope 248
rose 110
rosé 145
rosemary 133
rotor blade 211
rotten 127
rough 232
round 237
roundabout 195
route number 196
router 78, 176
row 210, 254
row v 241
rowboat 214
rower 241
row house 58
rowing machine 250
rubber band 173
rubber boots 89
rubber stamp 173
ruby 288
ruck 221
rudder 210, 241
rug 63
rugby 221
rugby field 221
rugby uniform 221
ruler 163, 165
rum 145
rum and cola 151
rump steak 119
run 228

english

english

english

english

ringraziamenti • acknowledgments

DORLING KINDERSLEY would like to thank senior picture researchers Deepak Negi and Sumedha Chopra, assistant picture researcher Samrajkumar S. and proofreaders Diana Vowles, Heather Wilcox, Catharine Robertson, Chuck Hutchinson, Sam Cooke, Ruth Raisenberger.

The publisher would like to thank the following for their kind permission to reproduce their photographs:
Abbreviations key: (a-above; b-below/bottom; c-centre; f-far; l-left; r-right; t-top)

123RF.com: Aicandy 188fbr; Andriy Popov 34tl; Arthousestudio 265fcla; Astemmer 208c; avigatorphotographer 216bl; Brad Wynnyk 172bc; Cladanifer 25fclb; Daniel Ernst 179tc; Hongqi Zhang 24cla; 175cr; Ingvar Bjork 60c; Koonsiri Scla, 92-93; Kobby Dagan 259c; Kritchanut 25ftl; Lightfieldstudios 35tr; Liubov Vadimovna (Luba) Nel 39cla; Ljupco Smokovski 75crb; Olegtroino 176fcl; Olga Popova 33c; Peopleimages12 41tl; Robert Churchill 94c; Roman Gorielov 33bc; Ruslan Kudrin 35bc, 35br; Subbotina 39cra; Sutichak Yachaingkham 39tc; Tarzhanova 37tc; Vitaly Valua 39tl; Wilawan Khasawong 75cb; **Action Plus:** 224bc; **Alamy Images:** 154t; Alex Segre 150t; A.T. Willett 287bcl; Alex Segre 105ca; Andrew Barker 195fcl; Ambrophoto 24cra; Art Directors & TRIP / Helene Rogers 115bl; artpartner-images.com 181tc; Ben Queenborough 231crb; Boaz Rottem 209cr; Cultura RM 33r; Bernhard Classen 97bc; David Burton 177clb; Carl DeAbreu 264t; Cavan Images 247fcla; Chicken Strip 112fbr; Chris George 271bc; Destina 176cfb; Dorling Kindersley Ltd 266t; Dorling Kindersley Ltd / Vanessa Davies 74ftr; dpa picture alliance 112t; Doug Houghton 107fbr; Doug Houghton 213fclb; Gianni Muratore 195ftr; Henri Martin 182ca; Hideo Kurihara 212t; Hugh Threlfall 35tl; Hugh Threlfall 268bl; Ian Townsley 260cr; Ifeelstock 96cr; Incamerastock / ICP-UK 117dcrb; Issac Rose 54ftr; Jeff Gilbert 213fcrb; keith morris 178c; Majestic Media Ltd / Duncan Thomas 221br, 223crb; Nikreates 268crb; Nathaniel Noir 114bl; MBI 175tl; Michael Foyle 184bl; Olaf Doering 213br; Oleksiy Maksymenko 105tc; Paul Maguire 186t; Pally 294bl; Paul Weston 168br; Prisma Bildagentur AG 246b; Simone Hogan 241cla; Radharc Images 197tr; Ruslan Kudrin 176tl; Sasa Huzjak 258t; Sergey Kravchenko 37ca; Sergio Azenha 270bc; Stock Connection 287bcr; tarczas 35cr; Ton Koene 213cra; Transport Infrastructures / Paul White 216t; Trekandshoot 194c; Robert Stainforth 98t; vitaly suprun 176cl; Wavebreak Media Ltd 39cl, 174b, 175tr; Wavebreakmedia Ltd IP-200810 234fcl; **Allsport/Getty Images:** 238cl; **Alvey and Towers:** 241cr; **Anthony Blake Photo Library:** Charlie Stebbings 114cl; **Arcaid:** John Edward Linden 301bl; Martine Hamilton Knight, Architects: Richard Bryant 301br; **Argos:** Vicki Couchman 148cr; **Bosch:** 76tc, 76tcl; **Camera Press:** 38tr, 257cr; Barry J. Holmes 148tr; Jane Hanger 159cr; Mary Germanou 259bc; **Corbis:** 78b; Anna Clopet 247tr; Ariel Skelley / Blend Images 52l; Bettmann 181tr; Bo Zauders 156t; Bob Winsett 247cbl; Brian Bailey 247br; Craig Aurness 215bl; David H.Wells 249cbr; Dennis Marsico 274bl; Dimitri Lundt 236bc; Duomo 211tl; Gail Mooney 277cbr; George Lepp 248c; Gerald Nowak 239b; Gunter Marx 248cr; Jack Hollingsworth 231bl; James L. Amos 247bl, 191cr, 220bcr; Jan Butchofsky 277cbc; Johnathan Blair 243cr; Jose F. Poblete 191br; Jose Luis Pelaez.Inc 153tc; Karl Weatherly 220bl, 247tcr; Kelly Mooney Photography 259tl; Kevin Fleming 249bc; Kevin R. Morris 105tr, 243tl, 243tc; Kim Sayer 249tcr; Lynn Goldsmith 258t; Macduff Everton 231bcl; Mark Gibson 249bl; Mark L. Stephenson 249tcl; Mike King 247cbl; Pablo Corral 115bc; 249ctcl; Paul J. Sutton 224c, 224br; Phil Schermeister 227tb, 248tr; R. W Jones 309; Rick Doyle 241ctr; Robert Holmes 97br, 277ctc; Roger Ressmeyer 169tr; Russ Schleipman 229; The Purcell Team 211ctr; Wally McNamee 220br, 220bcl, 224bl; Wavebreak Media Ltd 191bc; Yann Arhus-Bertrand 249tl; **Depositphotos Inc**: Londondeposit 262br; **Demetrio Carrasco / Dorling Kindersley (c) Herge / Les Editions Casterman:** 112ccl; **Dixons:** 270cl, 270cr, 270bl, 270bcl, 270bcr, 270ccr; **Dorling Kindersley:** Banbury Museum 35c; Five Napkin Burger 152t; **Dreamstime.com:** Adempercem 197cb; Akesin 191tl; 191cr; Aleksandar Todorovic 300bl; Anan Budtviengpunth 299cra; Andersastphoto 176tc; Andrey Popov 191bl, 55fcra, 190ftr; Anna Eremeeva 82crb; Anna Griessel 25cra; Anna Tolipova 277fbr; Anatoliy Samara 131tc; Anton Matveev 2bl; Arenaphotouk 209tr; Arne9001 190tl; Arnel Manalang 195fbr; Artzzz 201bl; Avagyanlevon 269cla; Birgit Reitz Hofmann 144ca; Bonandbon Dw 154bc; Bright 199tr; Chaoss 26c; Chernetskaya 60tc, 240tc; Christian Offenberg 99ftl; Colicaranica 210t; Dimaberkut 240cr; Dmitry Markov 5fcla, 56-57; Dvmsimages 196bc; Dzmitry Rishchuk 152t; Eakkachai Halang 101ftl; Ekostsov 198fbl; Elena Masiutkina 105fcrb; Ellesi 197br; Evgeny Karandaev 145br; Exiledphoto 1ca (Golf Balls), 55crb, 218-219; Gradts 76ftr; Grigor Ivanov 82bl; Gutaper 176br; Hasan Can Balcioglu 261c; Hxdbzxy 5cra, 102-103; Hywit Dimyadi 184clb; Iakov Filimonov 115tr; Ivan Danik 4fcrb, 146-147; Ivan Katsarov 201t; Ilfede 215clb; Inmicco 269tc; Isselee 292fcrb; Jamesteohart 290br; Jiri Hera 269c; Joe Sohm 259tr; Johncox1958 243ca; Kaspars Grinvalds 177crb; Kenny Tong 5tr, 10-11; Kineticimagery 5bl, 302-303; Konstantinos Moraitis 199tl; Lah 249crb; Larry Gevert 1ca (peppers), 5fcra, 116-117; Leonid Andronov 208clb; Leo Daphne 145cb; Leen Beunens 299tl; Iuliia Diakova 15tr; Natalia Bratslavsky 101cl; Natvisheka 269tr; Njnightsky 70bl; Nuwan Fernandez 177tr; Maciej Bledowski 95c, 206br; Madrugadaverde 298; Maksim Toome 199tr; Maniapixel 215tr; Matthias Ziegler 191ftl; Mholod 4fcra, 42-43; Micha Rojek 177tc; Milf32 197bl; Mike_Kiev 197tcr; Mikeal Keal 269rca; Mohamed Osama 75dbl; Monkey Business Images 26clb, 100t, 169tl; Monticello 145ftl; Olena Turovtseva 216br; Olga Plugatar 271clb (X2), 271fcla; Pac 268clb; Paolo De Santis 261ftr; Patricia Hofmeester

233cra; Paul Michael Hughes 162tr; Petro Perutskyy 199bl; Phanuwatn 269cl; Photka 213fcra; Ponomarencko 152cr; Roza 300tc; Ryzhov Sergey 138t; Schamie 176cl; Seanlockephotography 189clb; Sean Pavone 301tl; Shariff Che'' Sjors737 277cb; Serghei Starus 190bc; Sergey Galushko 77ftl; Sergey Tolmachyov 270br; Serezniy 48crb; Steafpong 97bl; Sutsaiy 66bl; Takcrane3 198t; Tatiana3337 1ca (multicolor); Theerasak Tammachuen 269cr; 5fclb, 160-161; Trak 256t; Tyler Olson 168crb; Vetkit 189flb; Volodymyr Melnyk 231ca, 235fcrb; Wang Song 250br, 261cr; Wirestock 169tc; Zerboor 296tr; **Education Photos:** John Walmsley 26tl; **Getty Images:** 287tr; 94tr; Corbis Historical / Christopher Pillitz 149cr; George Doyle & Ciaran Griffin 22cr; David Leahy 162tl; DigitalVision / David Leahy 162cla; DigitalVision / We Are 227cra; Don Farrall / Digital Vision 176c; Ethan Miller 270bl; Inti St Clair 179bl; Jeff Bottari 236br; LightRocket / SOPA Images 227ftl; Sean Justice / Digital Vision 24br; The Image Bank / Michael Dunning 235cra; **Getty Images / iStock:** ake1150sb 154bl, Andy0man 304 (Digital Clock X3), Archideaphoto 268t, Babayev 76fcrb, Bluesky85 213tl, Bluestocking 268cb, Bonetta 66fbr, Svetlana Borisova 286cr, Bulgnn 112br, Hadzhi Hristo Chorbadzhi 260tl, DigitalVision Vectors / youngID 96cl, E+ / Adamkaz 206bl, E+ / Aldomurillo 189cra, E+ / AnVr 144bl, E+ / BraunS 231br, E+ / Dean Mitchell 55ftr, E+ / FG Trade 179ftl, E+ / Fly View Productions 96t, E+ / Ivan Pantic 206bc, E+ / Joel Carillet 215br, E+ / JohnnyGreig 104t, E+ / Jondpatton 196br, E+ / Kali9 186bl, 190clb, E+ / Lorado 115bc, E+ / Mbbirdy 66fclb, E+ / Pagadesign 97tr, E+ / Petko Ninov 198fbr, E+ / Satoshi-K 259crb, E+ / SDI Productions 55fbl, E+ / SolStock 221clb, E+ / South_agency 114br, E+ / Studiocasper 270tc, E+ / Sturti 186bc, E+ / Tashi-Delek 179ftr, E+ / Tempura 48clb, E+ / Tolgart 34br, FamVeld 246tr, Farakos 176cr, FG Trade 188fbl, Gannet77 96c, Grinvalds 99cr, Gumpanat 97cl, Kckate16 188fcla, Kommercialize 208cb, Leedsn 241cra, Sompong Lekhawattana 97tl, LeventKonuk 76cr, Liz Leyden 115tc, LightFieldStudios 169cl, Andrii Lysenko 114tl, Karan Mathur 191cra, MicroStockHub 96clb, Mladn61 196cla, 196-197ca, Moumita Mondal 27br, Monkeybusinessimages 49crb, Yaman Mutart 105bl, Nojman 276t, OfirPeretz 195ftl, Prostock-Solution 5clb, 170-171, 188crb, RuslanDashinsky 83tl, Scaliger 208t, Kazuma Seki 188bl, Deepak Sethi 271ftr, SimonSkafar 1ca (Cornflowers), 5fbl, 278-279. Stocktrek Images 215bl, TACrafts 199cra, Teamtime 210b, The Image Bank / Ryan McVay 247cra, Tilo 69ftr, Toxitz 99cl, Alla Tsyganova 148tl, Tunatura 287tc, Universal Images Group / Andia 106t, Andik Tri Witanto 209cra, Chunyip Wong 5crb, 192-193, YakubovAlim 55crb, Zdenkam 23bl, Drazen Zigic 49ftr; **Hulsta:** 70t; **Ideal Standard Ltd:** 72r; **The Image Bank/Getty Images:** 58t; **Impact Photos:** Eliza Armstrong 115cr; Philip Achache 246t; **The Interior Archive:** Simon Upton, Architect: Phillippe Starck; **iStockphoto.com:** asterix0597 163tl; EdStock 190br; RichLegg 26bc; **MP Visual.com:** Mark Swallow 202t; **NASA:** 280cr; 280ccl, 281tl; **P A Photos:** 181br; **Plain and Simple Kitchens:** 66t; **Red Consultancy:** Odeon cinemas 257br; **Redferns:** Nigel Crane 259c; **Rex Features:** 106br, 259tc, 259bl, 280b; Charles Ommaney 114tcr; J.F.F Whitehead 243cl; Scott Wiseman 287bl; **Science & Society Picture Library:** Science Museum 202b; **Science Photo Library:** IBM Research 190cla; NASA 281cr; **Shutterstock.com:** Africa Studio 198bl, Akkalak Aiempradit 261ca, BearFotos 245clb, Rawia Bercan 213fbl, Comeback Images 245bl, Odin Daniel 214bl, Diamant24 60fclb, Early Spring 100br, Dmytro Falkowskyi 196-197cb, Giuseppe_R 4fbr, 252-253, Kaspars Grinvalds 1ca (Shirts), 5ftr, 28-29, 175clb, Ground Picture 26ftr, 100fbr, Haveseen 264b, HelloRF Zcool 168t, Joseph Hendrickson 59tl, Nigel Jarvis 214bc, Mdkhh 287br, New Africa 71tr, 75ftr, 77cra, Eline Oostingh 215cb, SeventyFour 232bl, Ilya Sviridenko 185fbr, Alla Tsyganova 114fbl, zcw 77ca; **SuperStock:** Ingram Publishing 62; Juanma Aparicio / age fotostock 172t; **Sony:** 268bc; **Neil Sutherland:** 82tr, 90t, 118, 188ctr, 196t, 299bl; **Vauxhall:** 199cl, 200; **Colin Walton:** 99tcl, 401.

DK PICTURE LIBRARY:
Akhil Bakhshi, Patrick Baldwin; Geoff Brightling; British Museum; John Bulmer; Andrew Butler; Joe Cornish; Brian Cosgrove; Andy Crawford and Kit Hougton; Philip Dowell; Alistair Duncan; Gables; Bob Gathany; Norman Hollands; Kew Gardens; Peter James Kindersley; Vladimir Kozlik; Sam Lloyd; London Northern Bus Company Ltd; Tracy Morgan; David Murray and Jules Selmes; Musée Vivant du Cheval, France; Museum of Broadcast Communications; Museum of Natural History; NASA; National History Museum; Norfolk Rural Life Museum; Stephen Oliver; RNLI; Royal Ballet School; Guy Ryecart; Science Museum; Neil Setchfield; Ross Simms and the Winchcombe Folk Police Museum; Singapore Symphony Orchestra; Smart Museum of Art; Tony Souter; Erik Svensson and Jeppe Wikstrom; Sam Tree of Keygrove Marketing Ltd; Barrie Watts; Alan Williams; Jerry Young.

Additional photography by Colin Walton.

Colin Walton would like to thank:
A&A News, Uckfield; Abbey Music, Tunbridge Wells; Arena Mens Clothing, Tunbridge Wells; Burrells of Tunbridge Wells; Gary at Di Marco's; Jeremy's Home Store, Tunbridge Wells; Noakes of Tunbridge Wells; Ottakar's, Tunbridge Wells; Selby's of Uckfield; Sevenoaks Sound and Vision; Westfield, Royal Victoria Place, Tunbridge Wells.

All other images © Dorling Kindersley

italiano • english